D1729502

GSPUSIS, GSPÜR UND WILDE GSCHICHTEN

Omar Khir Alanam:
Gspusis, Gspür und wilde Gschichten

Alle Rechte vorbehalten
© 2024 edition a, Wien
www.edition-a.at

Cover: Bastian Welzer
Satz: Bastian Welzer
Lektorat: Sophia Volpini de Maestre

Gesetzt in der Premiera
Gedruckt in Deutschland

1   2   3   4   5   —   27   26   25   24

ISBN: 978-3-99001-694-7

Omar Khir Alanam

GSPUSIS, GSPÜR UND WILDE GSCHICHTEN

Ein Syrer entdeckt das österreichische Liebesleben

edition a

Für meinen Baba!
Eine träumende und sanfte Seele in
einem erdrückenden System.

Ich spürte dich immer.
Nun kann ich dich auch verstehen.

INHALT

WIE ALLES BEGANN

Sag: »Ich liebe dich«

قولي أحبك

Kazem Al-Sahir

Sag mir: »Ich liebe dich«, damit meine Hand in Gold
aufgeht und wie eine Laterne leuchtet meine Stirn.
Sag es sofort, nein, zögere nicht!
Manche Liebe kann nicht warten.
Auch den Kalender ändere ich.
Wenn du mich liebst, ändere ich
die Jahreszeit oder erfinde neue.
Die alten Zeiten wären vorbei.
Du wärst die Königin und ich wäre der König,
wenn du meine Liebste wärst.
Ich würde die Sonne mit Schiffen und Pferden erobern.
Zögere nicht, gib mir diese Chance!
Damit ich unter den Liebenden ein Prophet wäre.

Vermutlich würde meine Großmutter diese Geschichte besser erzählen, ja auch meine Mutter Basma oder ihre Schwester Marah, selbst mein Vater Junis und sein Bruder Samir. Dennoch möchte ich versuchen, dir diese ganz besondere Geschichte in meinen eigenen Worten zu erzählen. Eine Geschichte, die in meiner Familie bei jedem Zusammentreffen immer und immer wieder zum Thema wurde und die ganze Familie zum Schmunzeln brachte, egal wie oft sie erzählt wurde. Fast wie bei einem Kind, dem sein Lieblingsbuch auch nach dem zwanzigsten Mal Vorlesen noch Freude bringt, konnte meine Familie jedes Mal aufs Neue herzlich darüber lachen. Du kannst es dir so vorstellen: Die Familie kommt zusammen, Tanten, Onkel, Neffen, Nichten, Cousinen, Cousins und alle, die dazugehören. Es wird Tee getrunken und Sonnenblumenkerne werden mit den Zähnen geknackt. Irgendwann springt der am besten Gelaunte auf und beginnt die Geschichte zu erzählen, ja fast schon wie ein Theaterstück vorzuspielen. Doch er bleibt nicht lange alleine, denn schon bald steigt die ganze Familie in die Erzählung, die wir alle schon so oft gehört haben, mit ein. Wir verlieren uns in den Zusammenhängen und Verstrickungen, die uns hierhergeführt haben. Denn gäbe es diese Geschichte nicht, würde es meine Familie in dieser Zusammenstellung, und vor allem auch mich, gar nicht geben. Das wäre sehr schade, denn wer würde dir dann diese Geschichte erzählen?

Meine Großmutter väterlicherseits war schon immer eine dominante Frau. Sie zog sechs Kinder auf, teilte das Geld ein, kontrollierte den Tagesablauf und regelte das

Familienleben. Sie war sozusagen die Chefin. Eine arabische Frau als Chefin? Ja, du hast richtig gelesen. Ich kannte viele davon, auch wenn die Männer bei ihren Kartenspielrunden oft versuchten, das Gegenteil zu behaupten. Meine Großmutter war jedenfalls eine richtige Powerfrau. Nachdem mein Großvater das Haus verlassen hatte, übernahmen die drei ältesten Söhne seine Aufgabe, das Geld nach Hause zu bringen. Für meine Oma änderte sich dadurch nichts, denn sie hatte ja schon davor die Rolle des Familienoberhaupts übernommen. Wie es in Syrien oft üblich ist, lag ihr auch etwas an der Partnerwahl ihrer Kinder, denn wer, wenn nicht die eigene Mutter, würde den perfekten Partner ausfindig machen können?

Eines Tages besuchte meine Oma ein Fest. Unter den vielen Gästen stach vor allem eine Frau heraus, in die sich meine Großmutter sofort verliebte. Basma. Eine dynamische, aufgeweckte Frau, die einen Raum mit Leben und Freude füllte. Eine Frau, die ich stolz meine Mutter nennen darf. Meine Großmutter väterlicherseits war jedenfalls begeistert von der jungen Dame und wollte sogleich ihre Familie kennenlernen. Immerhin hatte sie zwei ledige Söhne, Basma schien die perfekte Wahl für ihren ältesten unverheirateten Sohn Samir zu sein. Kurze Zeit später besuchte Oma die Familie meiner Mutter.

Zur gleichen Zeit gab es im Haus meiner Mutter ein paar Unstimmigkeiten. Marah, die ältere Schwester meiner Mutter, sollte heiraten. Zur damaligen Zeit in Syrien und teilweise auch heute noch nicht unüblich, war sie von ihrem Vater mit einem ihrer Cousins zusammengeführt worden. Die beiden heirateten, doch Marah fühlte sich nicht wohl. Sie war zutiefst unglücklich und konnte ihrem Mann keine Liebe zeigen. Auch wenn es in Syrien als ehrenlos gilt, die Scheidung einzureichen – vor allem als Frau –, auch wenn sie dadurch ihr Wort brach, folgte die Trennung.

Nun verhandelte meine Oma väterlicherseits mit meinem Opa mütterlicherseits. Sie wollte Basma als Ehefrau für ihren älteren Sohn Samir. Mein Großvater, ein kluger Mann, witterte eine Chance. Er wollte sich seiner Schuldgefühle der missglückten Zusammenführung seiner älteren Tochter bereinigen, wollte Marah helfen, ihr einen Mann vorstellen, mit dem sie hoffentlich endlich glücklich werden konnte. Also sagte er: »So lange die ältere Tochter nicht verheiratet ist, kann die jüngere nicht heiraten. Marah steht bereit, nicht aber Basma.« Meine Großmutter wollte aber unbedingt Basma für Samir, denn sie war die Strahlende, die Charismatische, die, die eine solche Energie mit sich brachte, dass man die Augen nicht von ihr nehmen konnte. Im Arabischen sagt man, jeder trägt die Bedeutung seines Namens als Charakterzug in sich. Bei meiner Mutter stimmt dies, denn »Basma« bedeutet auch »die Lächelnde«. In Gedanken vertieft machte sich meine Großmutter nach dem nicht zufriedenstellenden Gespräch auf den Weg nach Hause. Dort angekommen, setzte sie sich auf ihren Lieblingsplatz – die Couch –, die Beine fest am Boden verankert, und dachte nach. Ihre drei Söhne waren schon mit der Arbeit fertig, zwei von ihnen bereits gewaschen, Junis, mein Vater, noch im

Bad. Er wusch sich, stellte sich dabei aber nicht, wie wir es hierzulande kennen, unter eine laufende Dusche, sondern spülte seinen Körper mit Wasser aus einem Gefäß. Ein Baderitual, das mehr Zeit in Anspruch nimmt als das schnelle »Unter-die-Dusche-Hüpfen«, das wir aus Österreich kennen, aber auch mehr Genuss und Wertschätzung des Waschens und Wassers mit sich bringt. Plötzlich kam meiner Großmutter die Idee. Wie ein Blitz schlug der Gedanke ein, der sie vermutlich fast »Heureka« rufen ließ, denn er war für sie nicht weniger bedeutend als für Archimedes seine Entdeckung oder für Newton der Apfel, der auf seinen Kopf fiel. Sie stand auf, hetzte Richtung Badezimmer und klopfte energisch an. »He Junis, möchtest du heiraten?«, schrie sie aufgeregt durch die Tür. Mein Vater öffnete, blickte seine Mutter verwundert an und grinste: »Natürlich möchte ich heiraten, Mama!« Heute bin ich mir zwar nicht ganz so sicher, ob mein Vater mit seinen damals zwanzig Jahren tatsächlich unbedingt heiraten wollte, oder ob es nicht andere, hormonelle Gründe dafür gab, dass er so aufgeregt war, die Freude war aber jedenfalls sehr groß und meine Großmutter schien die perfekte Lösung für das kleine Dilemma gefunden zu haben.

So führte Oma anstatt Basma und Samir, so wäre es ja ursprünglich geplant gewesen, die beiden älteren Geschwister Marah und Samir zusammen und Basma traf auf Junis. Die richtige Schwester kam nun mit dem passenden Bruder zusammen. Oma war hocherfreut. Beide Paare heirateten und meine Eltern sind bis heute glücklich zusammen. Romantisch, nicht wahr?

DIE ZWEI SEITEN

Mein Schatz, ich will ...

ع بالي حبيبي

Elissa

Mein Schatz, ich träume von dem Abend,
wo ich für dich das Brautkleid trage.
Mein Schatz, ich will ein ganzes Leben
und noch länger an deiner Seite sein
und dass meine Liebe mit dem Alter wächst
und ich will, dass wir zusammen ergrauen,
und mein Alter mit deinem abschließt.
Ich will, dass du mich vervollständigst,
mich mit deinem Familiennamen angesprochen
werden lässt, mich in deinem Herzen verbirgst
und mich gegen die Welt schützt
und jeden Moment in meinem Leben,
den ich ohne dich gelebt habe, ablöschst.
Und ich will, dass du mich verletzt,
um mich nachfolgend durch eine zärtliche Berührung
oder eine verrückte Umarmung wieder aufzumuntern,
bis ich meine Augen in deiner Umarmung schließe.

Du wirst noch erkennen, dass wir Araber sehr romantisch sind. Unsere Musik, unsere Art und Weise uns auszudrücken sowie unsere Geschichten und Erzählungen weiterzugeben, ist lyrisch, emotional und sehnsüchtig. Dieser Romantik steht allerdings eine Problematik gegenüber. Nicht alles, was glänzt, ist Gold. Nicht jede Liebesgeschichte ist herzerwärmend. Vor allem in Sachen Liebe und Beziehung gibt es zwei Seiten. Egal ob in Wien oder in Damaskus, in Graz oder in Ost-Ghouta, wo ich geboren und aufgewachsen bin.

Die Geschichte, wie sich meine Eltern kennenlernten, erzähle ich gerne. Sie ist amüsant, war meine Mutter doch eigentlich für einen anderen Sohn vorgesehen. Außerdem ist sie schicksalhaft, sie wirkt erheiternd und gleichzeitig regt sie zum Nachdenken an. Denn auch diese Geschichte hat zwei Seiten. Meine Großmutter war glücklich, für ihre Söhne zwei Frauen gefunden zu haben. Auch ihre Söhne schienen glücklich, doch meine Mutter war nicht von Anfang an so begeistert, wie sie es vielleicht damals zu vermitteln versuchte.

Meine Mutter war sehr jung, als sie meinen Vater kennenlernte. Gerade einmal 16 Jahre alt. Sie fühlte sich noch nicht bereit für eine Ehe, ein so wichtiges Commitment, aber sie traute sich nicht, etwas dagegen zu sagen und sich dem Willen ihres Vaters und ihres älteren Bruders zu widersetzen. Sie verspürte großen Druck, war doch auch die gesellschaftliche Ehrenrettung ihrer bereits geschiedenen Schwester von ihr abhängig. Denn hätte sie der Hochzeit nicht zugestimmt, hätte auch die Hochzeit ihrer Schwester nicht stattgefunden. Das Schicksal ihrer so geliebten Schwester lag in den Händen meiner Mutter. Deshalb willigte sie ein. Sie heiratete meinen Vater, gebar fünf Kinder und ist, trotz vieler Streitigkeiten und Probleme, heute noch glücklich. Der Weg zur Ehe war aber mit viel Druck und Zwang verbunden. Leider ist das kein Einzelfall. Aber dazu später mehr.

Ich bin immer der, der anders ist

Wie wäre mein Leben gewesen, wenn ich nicht aus Syrien geflüchtet wäre? Diese Frage stelle ich mir selbst sehr oft, sie wird mir aber auch regelmäßig von meinen Mitmenschen gestellt. Ich finde, es ist eine interessante, aber zugleich auch unmöglich zu beantwortende Frage. Vielleicht hätte ich in Syrien geheiratet und bereits zwei oder drei Kinder. Bestimmt würde ich einem völlig anderen Beruf nachgehen. Genau weiß ich es allerdings nicht, das kann niemand wissen, und genau das ist auch das Schöne am Leben. Verliebt hätte ich mich bestimmt. Einmal, zweimal, vermutlich sogar öfter. Ich war schon immer ein Mensch, der die Liebe liebte, egal ob in Syrien, in Österreich oder irgendwo anders auf dieser Welt.

Ich war immer der, der anders ist. Schon als Kind und als Jugendlicher war ich in den Augen meiner Mitmenschen ungewöhnlich und ausgeflippt. Mit schrägen Frisuren, zerrissenen Jeans und auffälligen Hüten fiel ich schon immer auf. Ich wollte immer Teil einer Gruppe sein, aber ich lebte stets im Dazwischen. Zwischen zwei Welten.

Wäre ich nie aus Syrien weggegangen, dann wäre ich mit Sicherheit nicht der Omar, der ich heute bin. So viel steht fest. Denn durch meine Flucht lernte ich unglaublich viele Menschen kennen. Ich lernte völlig neue Kulturen, neue Charaktere, neue Bräuche und Gepflogenheiten und interessante Zugänge zum Thema Liebe, Sex und Zärtlichkeit kennen. Nur so konnte ich reflektieren, über mich selbst, mein eigenes Leben und meine eigenen Erfahrungen sowie über meine Mitmenschen, die beiden Kulturen, die mich auszeichnen, und die Arten und Weisen, in denen sie sich unterschieden oder in denen sie miteinander verschmelzen. Auch wenn ich lange Zeit darunter gelitten habe, so zähle ich das »Dazwischensein« heute zu meinen Stärken. Ich bin immer zwei. Der Erlebende und der Beobachter. Manchmal auch nur der Beobachter. Ich bilde mir eine Meinung, aber ich verurteile nicht. Denn sowohl in Österreich als auch in Syrien habe ich in Sachen Liebesgeschichten schon so einiges erlebt und gesehen. Egal ob amüsant, schockierend oder romantisch, beide Kulturen haben so einiges zu bieten, wenn es um die großen Gefühle geht.

Österreich, das Land der freien Liebe

Bevor ich nach Österreich kam, hatte ich bereits ein Bild vor Augen, was mich dort in Sachen Liebe und Körperlichkeit erwarten könnte. »Im Westen haben sie Sex auf der Straße«, wurde uns von klein auf erzählt. Es herrsche eine wahre Form von Apokalypse, von Anarchie, wo jeder das tut, was er will, wo er will, wann er will und mit wem er will. Menschen aus dem Westen, also aus West- und Mitteleuropa, sowie Amerika, seien verrückt. Sie würden ihre Werte verlieren, von Sex besessen sein und von wahrer Liebe, Anstand und dem heiligen Bund der Ehe kaum etwas halten. Die Männer würden verweichlichen, die Frauen härter werden. Sämtliche Geschlechterrollen würden verschwimmen und das Leben sei völlig zügellos. Alles, was in Filmen oder pornografischen Inhalten wahrgenommen wurde, wurde automatisch auf die gesamte westliche Gesellschaft übertragen. Wie Vorurteile nun mal funktionieren, hatte auch ich ein verzerrtes Bild der westlichen Liebeskultur.

Über Österreich im Speziellen wusste ich nicht viel. Ich dachte auch nicht allzu viel über das Liebesleben der dort wohnhaften Menschen und deren Kultur nach. Als ich flüchtete, hatte ich andere Sorgen. Trotzdem war ich gespannt. Ich war schon immer neugierig. Ich wollte wissen, ob diese Horrorgeschichten über die freie westliche Liebe wirklich wahr sind. Ob die Menschen auf der Straße ihre Körperlichkeit bis zum Exzess ausleben, ob das Leben und Lieben wie auf den Filmen der Hippie-Festivals aus den 1970ern ist. So wie es uns erzählt wurde.

Anders als erwartet

In Österreich angekommen, war ich verwundert. »Wo sind die ganzen Menschen, die Sex auf der Straße haben?« Nein, diesen Gedanken hatte ich keineswegs, ich habe auch nicht darauf gewartet, wusste auch tief im Inneren, dass diese Veranschaulichungen, Warnungen und Erzählungen über den Westen etwas überspitzt sein mussten. Nach meiner Ankunft war die Liebe auch das Letzte, woran ich dachte. Ich wollte Freundschaften schließen und Menschen kennenlernen. Keine Romanze anfangen, zumal ich noch nicht einmal der deutschen Sprache mächtig war. Anstatt auf freizügige Frauen, die in der Öffentlichkeit ihre Sexualität auslebten, traf ich relativ schnell auf Bekanntschaften, die auf einer platonischen, freundschaftlichen Ebene beruhten.

Ein paar Wochen nach meinem Eintreffen in Graz hatte ich das Glück, eine nette Gruppe von Mädels kennenzulernen. Ich war viel mit ihnen unterwegs, es war unglaublich lustig. Wir fuhren mit dem Auto herum, trafen uns in Bars, machten Ausflüge und ich sang für sie emotionale arabische Lieder. Trotz meiner schrecklichen Gesangsstimme waren sie überzeugt von meiner Darbietung. Sie machten mir sogar Komplimente dafür. Da war keine sexuelle Spannung, es gab keine Avancen oder Hintergedanken. Ich fühlte mich nicht zu ihnen hingezogen, weil mir zu dem Zeitpunkt andere Themen wichtiger waren. Dennoch fiel den Mädels auf, dass ich prinzipiell in Sachen Liebe und Sex offener zu sein schien als manch andere arabische Männer, auf die sie bereits getroffen waren, ja sogar als so mancher Österreicher.

Für die Araber bin ich zu unkonventionell, für die Österreicher meistens auch. Ich schäme mich nicht, über meine Liebe, über Sex, über Gspusis, G'spür und wilde G'schichten zu sprechen, denn sie gehören zum Leben dazu, sie machen das Leben aufregend und spannend und sie verbinden uns alle miteinander.

Liebe kennt keine Sprache

Auch wenn es viele kulturelle Unterschiede, die ich bereits in meinen anderen Büchern ausführlich analysiert und beschrieben habe, zwischen meinem Herkunftsland Syrien und meiner mittlerweile neuen Heimat Österreich gibt, so gibt es eine Sache, die auf der ganzen Welt verstanden wird. Nein, eben nicht verstanden, sondern gefühlt, gespürt und erlebt. Die Liebe. Ob es nun die Liebe zur Familie, den Eltern, dem eigenen Kind, oder aber die Liebe zu einem ganz besonderen Menschen, das erste Verknalltsein, die körperliche Liebe oder der Trennungsschmerz ist. Überall auf der Welt gibt es dieselben Gefühle, egal wie diese nach außen getragen, gezeigt oder gelebt werden.

Dort wo Gefühle sind, entsteht allerdings auch oft Chaos. Ich selbst war einige Male mittendrin und erlebte bereits die ein oder andere Geschichte, über die ich heute glücklicherweise schmunzeln kann. Egal ob in Österreich oder in Syrien. Meine Neugierde versetzt mich immer wieder in die Beobachterrolle, aber auch in die Rolle des Erlebenden. So konnte ich feststellen, dass Liebe zwar keine Sprache kennt, aber gewisse Abläufe, Rituale, Tabus oder Normen, die von Kultur zu Kultur ziemliche Unterschiede aufweisen können. Während die Österreicher vielleicht oft Alkohol brauchen, um den ersten Schritt zu machen, warten die Syrer wie verrückt auf den Donnerstag, einen ganz besonderen Wochentag, was das Liebesleben betrifft. Auch in Sachen Romantik, Ehe, Scheidung, aber auch bei der bezahlten Liebe und beim Umgang mit alternativen Beziehungs- und Liebesmodellen gibt es doch den ein oder anderen Unterschied sowie die ein oder andere interessante Geschichte, die mein Leben bereits prägte. Ich bin kein *Love Doctor*, diese Rolle habe ich schon nach meiner Schulzeit abgelegt, wie du später erfahren wirst, kein Beziehungsexperte und kein Liebesguru, aber ich habe viel gesehen, viel zugehört, viel erlebt, viel gelacht und auch viel geweint. Und all diese Geschichten möchte ich mit dir teilen.

WAS IST LIEBE?

Wenn die Sonne des Tages aufgeht!

كل مابتشرق شمس النهار

Wael Kfoury

Wenn die Sonne aufgeht, spiegelt sie dich.
Die Nacht wird verrückt
und die Sterne werden eifersüchtig.
Sie wollen nur dich als Mond auf ihrem Himmel!
Du, mein Leben!
Geh auf und verwandle die Nacht in den Morgen.
Du, meine Liebe. Es gibt viele Monde.
Vor dir waren sie Monde.
Aber ihr Strahl verschwindet in deinem!
Du, die Königin aller Sterne!
Mein ganzes Leben liegt in deinen Händen!
Deine Stimme gleicht dem Flüstern einer Brise.
Und es liegt Zärtlichkeit in deinen Augen!
Ich werde deinen Namen singen.
Der Duft des Lebens! So wie im Märchen.
Aber echt bist du!
Der Morgen blickte dich an, nennt dich
seine beste Freundin.

Meine erste große Liebe war meine Musiklehrerin. Immer wenn ich sie sah, fühlte ich mich, als würde ich schmelzen. Vielleicht waren es meine Hormone oder meine Neugier, aber sie faszinierte mich. Sie war atemberaubend schön, so unglaublich strahlend, und ihre Stimme glich der eines Engels. Diese feuerroten Locken. Das Parfüm, das wie eine Umarmung in deine Seele eindringt und dich in einem Wirbel der Trance in den Himmel hebt. So ähnlich habe ich es ihr auch in einem Brief geschrieben, der dem oben angeführten Liedtext von Wael Kfoury in seiner Romantik und in seinem Kitsch in nichts nachstand. Ich war 14, die Musiklehrerin war 23, und sie machte uns Burschen verrückt. In meinem Brief offenbarte ich ihr meine Gefühle. Leider habe ich bis heute keine Antwort bekommen, doch ich gebe die Hoffnung nicht auf, denn wie wir wissen: Die Hoffnung stirbt zuletzt.

Das Tabu

Ein offener Umgang mit dem Thema der körperlichen Liebe existiert in meinem Geburtsland kaum. Unverheiratete Menschen dürfen und sollen sich nicht sexuell annähern. Rein körperliche Beziehungen sind gesellschaftlich verpönt und Liebe wird erst dann akzeptiert, wenn eine Verlobung oder eine Heirat im Raum steht.

Gleichzeitig bin ich mit Musik aufgewachsen, die unvergleichlich romantisch ist. Mit Liebesgedichten und

Liedtexten, die schnulziger und kitschiger nicht sein könnten. Auch jene arabischen Männer, die eher nicht über ihre Gefühle sprechen, die Stärke verkörpern und keine Sensibilität zulassen wollen, wachsen mit Musik auf, die etwas völlig anderes zum Ausdruck bringt. Lieder, in denen über Schmerz und Leid, Liebe und die ganz großen Gefühle gesungen und fast schon geweint wird. Die Sänger dieser Lieder, die am ehesten mit den in Österreich bekannten Schlagern verglichen werden können, bekommen nicht ohne Grund Titel wie »Der König der Traurigkeit« verpasst. Du wirst später noch verstehen, warum gerade dieser Titel sehr treffend ist.

Ich wuchs jedenfalls mit Liedern und Gedichten auf, die ich als Araber niemals als kitschig, sondern als romantisch bezeichnen würde. Der Österreicher in mir sagt allerdings mittlerweile, dass vielleicht doch ein kleiner Hauch Kitsch drinsteckt.

Liebe war und ist in der arabischen Kultur omnipräsent.

Und auch wenn die Liebe in der Musik, in Gedichten, Büchern und auch in Filmen allgegenwärtig ist, so ist sie gleichzeitig ein Tabu. Die Liebe wird zwar in der Popkultur immer wieder dafür verwendet, die Aufmerksamkeit der Menschen zu erregen, wenn es aber um die eigenen Gefühle geht, werden diese schnell verleugnet.

Elterliche »Fürsorge«

»Die anderen Kinder werden deine Seele verderben«, sagte meine Mutter zu mir, nicht wissend, dass meine Seele ihrem Verständnis nach längst verdorben war. Jeden Sommer kam die Schwester unserer Nachbarin auf Besuch. Wir Burschen waren damals 15 oder 16 Jahre alt, und alle wussten: Sobald die Ferien beginnen, kommt die schöne Nachbarsschwester. Sie saß immer auf dem Balkon, las ein Buch oder trank einen Tee. Die Nachbarsburschen standen unter diesem Balkon, auf der Gasse, sie spielten Fußball oder andere Spiele und versuchten, ihre Aufmerksamkeit zu erregen. Jeder wollte mit ihr in Kontakt treten. Wir schrieben Sprüche auf kleine Zettel und warfen sie den Balkon hinauf. Doch meine Mutter wollte mich nicht daran teilhaben lassen. Sie wollte nicht, dass ich mit den schlimmen Kindern spiele, dass ich die Nachbarsschwester mit verliebten Augen ansehe, sie wollte nicht, dass meine Seele verdirbt. Generell war meine Mutter stets sehr um meine Reinheit bemüht. Ich sollte mich an die Regeln halten, gehorsam sein, um später ins Paradies kommen zu können. Meine Neugierde und mein Talent dafür, immer wieder in skurrilen Situationen zu landen, bereiteten ihr stets Sorgen. Einmal meinte sie sogar, sie würde mich am liebsten in ihren Bauch zurückschieben, um auf mich aufpassen zu können. Meine Mutter und ich haben sehr verschiedene Auffassungen von Liebe. Wir gestalten und praktizieren unsere Leben ganz unterschiedlich und auch wenn ich mittlerweile ihre Welt nicht mehr ganz verstehe, liebe ich sie von ganzem Herzen. Bestimmt habe ich auch vieles von ihr und ihrer Art der Liebe mitgenommen. Wahrscheinlich ist die Liebe das, was uns unterscheidet, aber gleichzeitig auch das, was uns verbindet. Trotz der großen Unterschiede ist sie glücklich mit ihrem Leben und ich mit meinem. Beruhigend ist nur, dass sie kein Deutsch versteht und dieses Buch nicht lesen kann. Was würde sie wohl dazu sagen? Bestimmt würde sie meinen: »Mein Sohn ist verdorben.«

Die Definition des Undefinierbaren

Wenn mich Menschen fragen, was Liebe für mich ist, dann fällt es mir oft schwer, eine konkrete oder für mein Gegenüber zufriedenstellende Antwort zu liefern. Über die Liebe wird schon seit jeher geschrieben, erzählt und philosophiert. Im Deutschen ist das Wort »Liebe« auf die althochdeutschen Begriffe *liubī* (9. Jahrhundert) und *lioba* (11. Jahrhundert) zurückzuführen. Es stand für Wohlgefallen, für die stärkste Zuneigung und Wertschätzung. Der antike griechische Philosoph Platon nahm sich der Sache noch früher an und beschrieb sie wie folgt:

»Liebe ist eine schwere Geisteskrankheit«

- Platon (427–348 v. Chr., griechischer
Philosoph, Schüler des Sokrates)

Ich musste schmunzeln, als ich Platons Definition der Liebe las. Er beschreibt die Liebe in weiteren Überlieferungen auch noch etwas romantischer, spricht, wenn er über die Liebe philosophiert, auch von Selbsterkennung, Schönheit und davon, dass selbst ein Mensch ohne Muse dank der Liebe zum Dichter wird. Als selbsternannter Liebesdichter, der schon seine Musiklehrerin mit tragischen Liebesbekundungen beglückte, kann ich dem alten Philosophen hier nur zustimmen.

Ich finde, Liebe ist schwer definierbar. Sie hat, im Gegensatz zu den meisten anderen Worten, keine genaue Definition. Liebe hat nämlich viel mit Gespür zu tun, sie ist ein Gefühl. Was ich für Liebe halte, ist für dich vielleicht keine. Was ich selbst vor einiger Zeit für Liebe hielt, bezeichne ich nun vielleicht anders. Denn selbst das eigene Verständnis der Liebe entwickelt sich immer weiter, oder nicht?

Als Jugendlicher, verliebt in meine Lehrerin, fühlte ich mich, als würde ich schmelzen. Das war eher eine hormonelle Liebe, keine reife, reflektierte und tiefe Liebe für einen Menschen in seiner völligen Ganzheit. Der Blickwinkel auf die Liebe verändert sich im Laufe jedes Lebens. Erfahrungen, Niederlagen, Verletzungen, persönliche Weiterentwicklung, all das formt uns und unseren Zugang zu unseren Gefühlen.

Je älter du bist, desto schwieriger wird es,
dich zu verlieben.

Im Arabischen heißt es, du solltest lieber so früh wie möglich heiraten, denn je älter du bist, vor allem, wenn du über dreißig Jahre alt bist, desto schwieriger wird es, dich zu verlieben und einen potenziellen Ehepartner zu finden. Ich stimme dem nicht unbedingt zu, aber ich gestehe, dass ich mit dem Alter zumindest kritischer und reflektierter geworden bin und mich vermutlich nicht mehr Hals über Kopf in die Nachbarsschwester oder die Lehrerin verlieben würde.

Liebe kennt viele Formen

Wenn ich mich mit der Definition von Liebe auseinandersetze, hinterfrage ich auch gerne mein generelles Verständnis dieses Gefühls.

Verstehe ich Liebe, oder verstehe ich nur die Liebe, die ich kenne?

Bevor mein Sohn zur Welt kam, hatte ich beispielsweise keine Ahnung davon, wie sich väterliche Liebe anfühlt. Ich wusste auch nicht, wie es sich anfühlt, die Liebe des eigenen Kindes zu erfahren. Ihm direkt in die Augen zu sehen, ihn ins Bett zu bringen. Wie es ist, wenn der erste Mensch, den er gezeichnet hat, du bist. Wenn du beim Geschichtenerzählen vor dem Schlafengehen schon vor ihm einschläfst und er dich aufweckt, um das Ende zu erfahren. Wenn du bisher fremde Ängste und Sorgen kennenlernst. Wenn er dir das Blatt, das er auf der Straße findet und auf das womöglich schon der eine oder andere Hund gepinkelt hat, strahlend in die Hand drückt und es für dich das schönste Geschenk der Welt ist. Wenn du wie ein jubelnder Groupie begeistert durch die Wohnung rennst, weil er endlich seine Blähungen in die Windel ergießen konnte. Ein unglaubliches Gefühl, welches ich aber erst verstehen konnte, als ich es selbst fühlte.

Liebe hat für uns alle eine unterschiedliche Bedeutung. Jeder erfährt Liebe anders. Jeder fühlt anders. Manchmal können wir die Liebe anderer nicht nachvollziehen. Doch das müssen wir auch gar nicht. Denn Liebe ist nicht vergleichbar. Ich selbst kann die Liebe zu unterschiedlichen Personen, die ich in meinem Leben kennenlernen durfte, nicht miteinander vergleichen. Dennoch war es immer Liebe.

Eine Gratwanderung

Was ist in der Liebe erlaubt? Was ist richtig, was ist falsch? Auch diese Fragen stellten sich bereits Liebende vieler Generationen vor uns. Eine pauschale Antwort darauf gibt es allerdings nicht. Nur die Gesellschaft, egal ob jene in Syrien oder die österreichische, nimmt es sich heraus, Regeln und Vorschriften aufzustellen. Ich bin beispielsweise mittlerweile der Meinung, dass es sehr wohl möglich sein kann, mehrere Menschen gleichzeitig zu lieben. Ich bin auch überzeugt davon, dass eine Trennung, das Ende einer Beziehung, nicht automatisch das Ende der Liebe bedeutet. Es kann sein, dass wir nicht mehr mit einer Person in einer Partnerschaft leben können, trotzdem aber noch große Zuneigung für diese Person empfinden können.

Das Interessante an der Liebe ist ihre Vielseitigkeit. Was für den einen unvorstellbar scheint, ist für den anderen die Norm. Für mich ist die Liebe alles, was dazwischen ist und alles, was darüber hinausgeht.

Der Umgang mit dem L-Wort

Als ich im Jahr 2015 im Flüchtlingsheim lebte, bekamen wir eines Tages Besuch von einer Psychologin. Im Zuge eines von der Europäischen Union geförderten Programmes durfte sie zehn Geflüchteten ihre Hilfe anbieten. Gemeinsam sollte sie mit ihnen arbeiten und psychologische Unterstützung nach schweren traumatischen Erfahrungen bereitstellen. Einer meiner Freunde, Said, war einer dieser zehn Geflüchteten. In seinem Fall stimmt die Redewendung, dass jede Person die Bedeutung ihres Namens in sich trägt, nicht, denn Said bedeutet »der Glückliche«. Dieser Said ist aber grundsätzlich ein eher genervter, reservierter Charakter, der meistens schlecht gelaunt ist. Wenn er lächelt, dann ist es mehr ein gezwungenes Mundwinkelverziehen als ein herzhaftes Grinsen und er vertritt generell die Meinung, dass alles und jeder schlecht sei. Umso überraschter war ich, als ich im Nachhinein hörte, was er der Psychologin während ihrer zweiten gemeinsamen Sitzung gesagt hatte: »Ich liebe dich.« Einfach so. Geradeheraus, ungeniert und ehrlich. Natürlich ist diese Art des Liebesbekenntnisses total überstürzt und unpassend, doch auch gleichermaßen nachvollziehbar. Da war man monate-, ja sogar jahrelang auf der Flucht. Zog durch verschiedene Länder, ohne Plan, ohne Geld, ohne Wissen, wann man wo landet. Man hatte viele Sorgen, so viele, dass für die Liebe oftmals gar kein Platz blieb. Und dann landet man in Österreich, und plötzlich sitzt einem eine Frau gegenüber. Eine Frau, die einem zuhört und einem das Gefühl gibt, man wird verstanden. Eine Frau, die Interesse an den Geschichten und Empfindungen vermittelt und nicht über einen urteilt. Es überrascht mich nicht, dass Said schon nach so kurzer Zeit meinte, Liebe zu empfinden. Doch dass er es auch verbalisierte, finde ich amüsant. Leider weiß ich bis heute nicht, wie die Psychologin auf dieses überraschende und etwas überstürzte Liebesbekenntnis reagierte.

Geschichten davon, dass sich Geflüchtete, sobald sie in ihrer neuen Heimat ankommen, schnell verlieben, gibt es viele. Eine österreichische Bekannte, die viel mit Geflüchteten arbeitet, erzählte mir einst, dass sie all ihren Schützlingen ans Herz legt, sich nicht gleich nach ihrer Ankunft zu verlieben. »Du weißt ja gar nicht mehr, wer du bist und was du überhaupt von deinem Leben willst. Auf der Flucht verlierst du vieles von dir und du musst dich erstmal selbst finden, bevor du dich auf einen anderen Menschen einlassen kannst. Sonst endet das in

Chaos und Schmerz.« Ihre Begründung ergibt rational Sinn, doch das Herz sucht nun einmal sehnsüchtig nach Liebe. Vor allem nach einer langen Zeit der Einsamkeit und Unsicherheit.

Gibt es den richtigen Moment?

So kitschig oder hoffnungslos romantisch, wie es Wael Kfoury ausdrückt oder so überstürzt, wie Said seine Liebe kundtat, müssen die eigenen Gefühle nicht unbedingt preisgegeben werden. Klar, auch hier gibt es keine Regeln und in der Liebe ist eigentlich fast alles erlaubt, dennoch kann das falsche Timing auch so einiges kaputtmachen. Wie ich außerdem feststellen durfte, lassen sich die Österreicher um einiges mehr Zeit als die Araber, wenn es um das L-Wort geht. Das dürfte aber nicht allein an ihrer allseits bekannten Gemütlichkeit liegen.

»Ich will lieben«

Früher fiel es mir leichter, über meine Gefühle zu sprechen. Ich wollte sie nicht verstecken und hatte keine Angst davor, mit meiner Liebesbekundung falsche Erwartungen zu wecken. Ich wollte lieben. In der Gesellschaft, in der ich aufwuchs, gleicht ein Liebesgeständnis einem Heiratsantrag. Nicht immer hat dieses aber eine edle Intention, manche Männer haben mitunter auch die Absicht, die Frau »rumzukriegen«. Die Frau ist davon überzeugt, dass die Liebesbekundung unausweichlich zur Hochzeit führen wird und gibt sich deswegen, in dem vermeintlich sicheren Rahmen, der körperlichen Liebe hin. Doch dies führt wiederum zu Ungewissheit beim Mann. Wenn die Frau mit mir intim geworden ist, vielleicht ist sie es ja auch schon mit anderen Männern geworden? Dumme Ausrede. Wieder ist die Frau schuld am Fehlverhalten des Mannes. Nachdem der Mann sein Vergnügen hatte, lässt er die Frau einfach fallen, was für sie nicht nur Herzschmerz bedeutet, sondern auch gesellschaftliche Probleme mit sich bringt, denn nun ist sie keine Jungfrau mehr. Dazu aber später mehr. Dieses Muster gibt es natürlich auch umgekehrt und in anderen Kulturen.

Unausgesprochenes führt oft zu Verwirrung

Was Said zu früh sagte, fühlte ich nicht immer, wenn ich einer Frau näherkam. Während es den arabischen Männern scheinbar meist leichter fällt, direkte Liebesbotschaften kundzutun, sind die Österreicher vorsichtiger. Sie lassen sich Zeit. Und daran gewöhnte auch ich mich irgendwann, außerdem wurde ich älter, und wir wissen ja, dass es mit dem Alter schwieriger werden kann.

Ich hatte vor einiger Zeit ein Gspusi, nennen wir sie Sarah. Den Begriff »Gspusi« hörte ich übrigens von ihr das erste Mal, als sie mich als solches betitelte. Jedenfalls trafen Sarah und ich uns damals ausschließlich bei mir. Ich kochte für sie, kümmerte mich um den Abwasch und nach etwas *Netflix & Chill* oder einer angeregten Unterhaltung widmeten wir uns unseren körperlichen Lüsten. Ich verbrachte gerne Zeit mit ihr, allerdings standen wir uns, in meinen Augen, abseits unserer körperlichen Chemie, nicht besonders nahe. Ich wusste noch nicht einmal, wo sie wohnte. Also konnte es sich ja vermutlich nicht um die große Liebe handeln. Tja. Ich dachte, sie sieht das ähnlich. Auch wenn mich meine Freunde in der Schule den *Love Doctor* genannt hatten, lag ich in dieser Situation mit meiner Diagnose völlig daneben.

Irgendwann saßen wir gemeinsam auf dem Sofa und ich postete in meiner Instagram-Story ein Foto mit einer anderen Frau. In meinen Augen war nichts dabei, war es doch lediglich ein Foto einer Veranstaltung, die ich kürzlich gemeinsam mit einer Bekannten besucht hatte. Sarah sah mich völlig entsetzt an und fragte in einem fordernden Ton: »Wer ist die? Hast du mit der geschlafen?« Etwas entsetzt von ihrem Tonfall antwortete ich: »Das geht dich gar nichts an.« Vielleicht nicht die freundlichste Antwort, aber ich fühlte mich überrumpelt. Sie warf mir daraufhin an den Kopf, respektlos zu sein.

Wir hatten unsere Beziehung oder etwaige Gefühle füreinander nie so richtig definiert. Außerdem war sie es, die mich als Gspusi, als »nichts Ernstes«, betitelt hatte. Für mich war sie eine Freundin, wir trafen uns alle paar Wochen, manchmal redeten wir auch nur, und manchmal genossen wir andere Vorzüge miteinander. Für sie wiederum war da anscheinend mehr. Unausgesprochen. Später erklärte sie mir, dass sie sich mir geöffnet, mir von ihrer Familie erzählt hatte und mein Zuhören in ihren Augen bereits ein Zeichen der Liebe gewesen war.

Sie hatte mir nie kommuniziert, wie sie fühlte und was sie von mir erwartete. Wo der Araber vielleicht zu früh spricht, lässt sich der Österreicher wohl manchmal etwas zu lange Zeit.

Die Liebe ist kein Spiel

Wenn ich meine österreichischen Freunde so beim Dating beobachte, fällt mir auf, dass sie oft Spielchen spielen. Sie lassen sich nicht gerne in die Karten schauen, wollen ihre Gefühle nicht preisgeben, sondern cool und mysteriös wirken. Ich habe das hier vermehrt beobachten können, weiß aber, dass es ein internationales Phänomen ist.

Sobald ich diese Spielchen wahrnehme, wenn ich eine Frau kennenlerne, steige ich aus. Ich spiele zwar gerne Karten oder »Mensch ärgere dich nicht«, aber in Sachen Liebe gehe ich lieber den direkten Weg. Klar, eine gewisse Ungewissheit ist immer spannend. Sind wir frisch verliebt und unsicher, ob unser Gegenüber ähnlich empfindet, löst das eine Neugierde, eine Euphorie und ein richtiges Kribbeln aus. Mittlerweile finde ich es aber ermüdend, vielleicht bin auch dafür zu alt, aber wenn mich meine neue Liebschaft anruft, dann hebe ich mit Freude sofort ab. Wenn mir meine Bekanntschaft schreibt, dann schreibe ich sofort zurück und warte nicht mit Absicht ein paar Stunden ab, um beschäftigt und unnahbar zu wirken. Das bin ich nicht. Das hat für mich auch nichts mit Liebe zu tun. Und seien wir uns ehrlich, die Liebe ist schon komplex genug. Ganz ohne Spielchen.

Liebe ist, ich selbst zu sein

Für mich ist das Schöne an der Liebe, aufrichtig ich selbst sein und mich selbst so richtig spüren zu dürfen. Ohne mich verstellen zu müssen. Wenn ich Freude empfinde, oder auch Traurigkeit, Überforderung, Wut, dann möchte ich diese Emotionen mit meinem Gegenüber teilen können. Ich möchte meine Liebe und Euphorie in die Welt hinaustragen, so, dass jeder sieht und hört, wie glücklich ich bin. Liebe bedeutet, dass es egal ist, was Außenstehende denken. Denn die Liebe ist kein Spiel, sie hat keine Regeln. Kein Richtig und kein Falsch. Mit dem richtigen Menschen gibt es keine Scham, du darfst so sein, wie du bist. Mit deinen schönen und deinen dunklen Seiten, mit deinen Sorgen und Ängsten, Wünschen und Sehnsüchten und all deinen Facetten.

Omar, der Love Doctor

So schön die Liebe auch sein kann, es fällt nicht jedem leicht, mit ihr umzugehen oder sie auszudrücken. Vor allem in Damaskus, an meiner Schule, oder auch noch später während meiner Zeit an der Universität musste ich feststellen, dass nicht alle Männer mit ihren Worten schmeicheln konnten und in Sachen Gefühle nach etwas Abhilfe verlangten.

Das Großartige an der Liebe ist, dass sie die härteste Person weich werden lassen kann. Oft sah ich junge Syrer, die nach außen hin grob und unnahbar wirkten. Beobachtete ich sie aber bei der Liebe, so wurden sie unglaublich weich und verletzlich. Richtig süß.

Die Erzählung »Die Schöne und das Biest«
kommt nicht von irgendwo.

Wenn du trotz angestrengten und ernsten Gesichtsausdrucks verliebte Augen siehst, dann weißt du, dass selbst im härtesten Mann oder der härtesten Frau ein weicher Kern steckt.

Geheime Dienste

Ein Schulhof voller syrischer Burschen. Ernste Blicke und seriöse Gespräche. Den Lehrern, die ihre Augen und Ohren überall haben, wollen sie bloß nicht negativ auffallen. Doch versteckt in der dunkelsten Ecke, abseits der anderen Burschen, steht eine geheimnisvolle Gestalt. Ihre bis tief ins Gesicht gezogene Kapuze verdeckt den gesenkten Blick. Nur nicht auffallen, lieber im Schatten bleiben. Ein Schüler geht mit unsicheren Schritten auf die Gestalt zu, seinen Blick nervös in alle Richtungen werfend. Hat ihn jemand gesehen? Zum Glück nicht! Schweißperlen bilden sich auf seiner Stirn, als er im hintersten Winkel des Schulhofes vor der mysteriösen Gestalt zum Stehen kommt. »Hast du ihn dabei?« Seine Stimme zittert. Die Gestalt antwortet nicht. Schweigend zieht sie die Hand aus der Hosentasche und legt sie für einen kurzen Moment in die Hand des Schülers. Dieser schnappt sogleich nach dem, was sich kaum merkbar in dieser Hand befindet, nickt der Gestalt flüchtig zu und verschwindet sogleich im Schulgebäude. Es ist ein gefährliches Unterfangen, bei dem man nicht erwischt werden möchte. »Wieder ein zufriedener Kunde«, denkt sich die Gestalt und ist stolz auf die unter den Burschen der Schule bekannte Dienstleistung.

Na, hast du bereits eine Vermutung? Richtig! Diese mysteriöse Schattengestalt war ich. Nein, ich dealte nicht mit Drogen. Sondern mit Liebesbriefen.

Es fing an, als mich einer der harten, verliebten Jungs an meiner Schule um Hilfe bat. Er wusste, ich schreibe gerne Gedichte, und so sollte ich für ein Mädchen einer anderen Schule, in das er sich während eines großen Events verliebt hatte, einen romantischen Brief schreiben. Freudig willigte ich ein.

Meine Dienstleistung schien sich schnell herumzusprechen. Plötzlich bestellten immer mehr junge, verliebte Männer kurze Texte und Gedichte bei mir. Rückblickend betrachtet hätte ich mit Sicherheit ein gutes

Business-Modell daraus machen können, damals war es für mich aber lediglich ein freundschaftlicher Dienst.

Ich liebte meine Aufgabe als *Love Doctor*, wie mich meine Mitschüler nannten. Ich durfte Gedichte schreiben und den Klatsch und Tratsch der anderen erfahren. Außerdem musste ich mich in die Person hineinversetzen, für die ich den Brief schrieb, um ihn glaubhaft verfassen zu können. So war es mir möglich, ein kleines bisschen der Verliebtheit mitzuempfinden. Ich war wieder der Beobachter und der Erlebende. Mitten im Dazwischen. Eine aufregende Tätigkeit.

Eine Nachricht zu viel

In der Schule hat das mit der *Love-Doctor*-Tätigkeit immer ganz gut funktioniert. Als ich jedoch während meiner Flucht einige Zeit im Libanon lebte und einem Freund erneut mit meinen Diensten als Schreiberling aushalf, wendete sich das Blatt plötzlich in eine Richtung, die ich nicht vorhersehen hatte können.

Als ich in den Libanon kam, lebte ich bei der Familie eines Freundes. Sie nahmen mich liebevoll auf. Der Bruder meines Freundes, Mazen, arbeitete als Lieferant für einen Supermarkt. Er brachte den Menschen im Umkreis ihre Einkäufe nach Hause. So auch dem Mädchen gegenüber. Ständig sprach Mazen von ihr. Er sagte ihr, sie solle in Zukunft direkt bei ihm über seine Handynummer bestellen, er bringe ihr ihre Einkäufe noch schneller und sie müsse nicht mehr warten. Besserer Service versteht sich, oder? Nach seinen Schichten dachte er nur an sie. Er wollte ihr schreiben, aber er wusste nicht wie. Also feierte Omar, der *Love Doctor*, sein Comeback. Ich bot ihm an, ihm zu helfen und schon schrieb ich mit ihr.

Mehr als einen Monat lang war ich über das Handy von Mazen mit ihr in ständigem Kontakt. Aus meiner tiefsten Seele schrieb ich Gedichte für sie und trug diese auf dem Balkon den Wänden vor. Unsere Konversation hörte nicht auf, wir philosophierten, stellten einander Fragen und erzählten Details aus unserem Alltag. Es war für mich wie eine Flucht in eine andere Welt. Eine Flucht vor der Flucht. In eine Welt, die aus Fantasie und Liebe erbaut war. Denn in der Realität bestand meine Welt aus Unsicherheiten und Ängsten, einem kleinen Balkon, auf dem ich wohnte, einem Koffer, der als mein Kleiderkasten fungierte und einer Matratze auf dem Boden. Mit dem Schreiben der Wörter gestaltete ich eine Welt, die mit der Realität wenig zu tun hatte, aber meinen tiefsten Sehnsüchten entsprach.

Ich war also dabei, meine Seele zu öffnen. Laufend schickte ich ihr diese romantischen Gedichte und Texte, die kitschigen Liedern glichen. Und nach Wochen des Schreibens verliebte ich mich in das Mädchen, mit welchem ich eigentlich nur in Mazens Namen schrieb.

Ich traf sie nie, sah sie nur manchmal auf der gegenüberliegenden Straßenseite auf ihrem Balkon sitzen. Irgendwann kam es dann tatsächlich zu einem Treffen. Allerdings nicht von mir und ihr, sondern von ihr und Mazen. So, wie es ursprünglich geplant war. Ich sah die beiden vom Fenster aus, doch ihre Silhouetten verschwammen vor meinen Augen. Dicke Tränen flossen wie Bäche über meine Wangen, während ich mich gleichzeitig mit meinem Freund freute. Als wäre meine Seele in seinem Körper, erlebte ich die Szene mit, nicht als Beobachter vom gegenüberliegenden Fenster aus, sondern als Erlebender in der Wohnung des Mädchens. Doch ich hatte verloren. Ich hatte nicht nur dieses Mädchen verloren, dieses Mädchen, das ich nicht kannte und gar nie hätte kennenlernen sollen. Ich verlor vor allem auch die von mir erschaffene Realität. Ich verlor die Liebesgedichte. Das, was mir an den Tagen der Einsamkeit und des Verzweifelns Freude geschenkt hatte. Und damit auch meine Sehnsucht und Hoffnung. Natürlich erholte ich mich von diesem Schmerz. Das tun wir doch immer irgendwie, oder? Doch es sollte nicht mein letzter Herzschmerz gewesen sein.

Romantik soll gelernt sein

Romantik bedeutet für mich, romantische Momente zu gestalten. Momente, die nicht so schnell in Vergessenheit geraten. Momente, die verbinden.

Die Vorbereitung ist eine unglaubliche
Freude für mich.

Während die Partnerin in der Arbeit ist, richte ich die Wohnung schön her, verteile in jedem Raum Blumen und koche ein köstliches Menü, das ich mit viel Liebe zum Detail zubereite und verziere. Das bereitet mir die größte Freude! Die Vorbereitung! Die Vorfreude!

Vor mehreren Jahren wollte ich für eine Frau einen unvergesslichen Moment erschaffen. In meinem Kopf spielte sich bereits eine bildliche Szene ab. Blumen, Kerzen, ein romantisches Dinner. Und Rotwein! In den Filmen aus Hollywood war auch immer Rotwein dabei. Das gehörte in meiner Vision einfach zu einem romantischen Abend mit dazu. Aber ich trank damals keinen Alkohol und mein Gegenüber auch nicht, also fehlte dieser essenzielle Teil des romantischen Dates.

Momente voller Gefühle

Romantik ist nichts anderes, als Momente voller Gefühl zu gestalten. Von liebevoll ins Ohr geflüsterten Schmeicheleien bis hin zu Aufmerksamkeiten, Blicken, Gesten und Berührungen. Romantik ist sehr subjektiv, und auch wenn mich Freunde als *Love Doctor* bezeichneten, bin ich keineswegs ein Experte. Denn obwohl ich für die anderen Männer oft die richtigen Worte und hilfreiche Tipps finden konnte, fand ich schnell heraus, dass ich jegliche Liebes-Expertise verlor, sobald es um mein eigenes Liebesleben ging. Für jeden Menschen ist etwas anderes romantisch. Während die einen auf einem Rockkonzert romantische Momente miteinander teilen, bevorzugen andere Menschen ein Picknick oder ein Schaumbad. Lass es mich noch etwas überspitzen: Für manche ist der Besuch des Swingerclubs das Nonplusultra, während andere den gemeinsamen Besuch der Kirche bevorzugen. Manche treffen sich am FKK-Strand, andere doch lieber in der Therme. Ob Schokolade oder Rotwein, natürlich spielen auch die Vorlieben des Gegenübers in die Romantik mit rein und geben einem die Möglichkeit, das eigene Verständnis von Liebe und Romantik zu überdenken oder sogar zu erweitern. Jeder darf so, wie er oder sie möchte! Es gibt kein Richtig und kein Falsch. Es gibt nur Grenzen, die akzeptiert werden müssen. Es gibt kein Rezept für Liebe, Sex und Romantik, das auf jede Person angewendet werden kann. Es gibt nur die Frage nach den Wünschen und Vorstellungen. »Was wünscht du dir?«, »Was macht dich glücklich?«, »Wie kann ich dir Freude bereiten?«. Die Antworten darauf können sehr unterschiedlich sein, und das ist doch auch das Schöne daran. Das Wichtigste ist die Kommunikation, denn wenn du nicht verbalisierst, was du gerne hättest oder wo deine Grenzen liegen, wie soll dein Gegenüber es erfahren? Ich finde es schön, wenn meine Partnerin ihre Vorlieben und Wünsche mit mir teilt, denn dem anderen Freude zu schenken und schöne Momente zu erschaffen, ist doch auch für einen selbst das Wundervolle an der Liebe. Ich denke, wir sollten Normen und eingefahrene Vorstellungen beiseitelegen und miteinander reden, um unsere eigene »perfekte Realität« zu erschaffen. Und trinkst du keinen Rotwein, dann musst du ihn dir nicht auf den Tisch stellen, nur weil Hollywood es dir so gezeigt hat.

Liebe ist kompliziert

So schön die Liebe sein kann, so romantisch und so warm sie sich anfühlen kann, so kompliziert und schmerzhaft kann sie auch sein. Ich habe mittlerweile große Angst, wenn es um die Liebe geht. Angst davor, jemanden zu verletzen oder unglücklich zu machen. Jemandem Schmerz zuzufügen.

Liebe ist die Bereitschaft, das Risiko einzugehen,
sich oder jemanden anderen zu verletzen.

Schmerz und Trauer sind genauso ein Teil der Liebe wie Glück und Euphorie. Liebe ist Liebe. Ich denke nicht, ich liebe einfach. Liebe ist das, was uns antreibt und uns Sinn gibt. Was uns mit einem Lächeln aufwachen und mit einem Kribbeln im Bauch einschlafen lässt. Aber sie ist auch das, was uns tagelang nichts essen lässt, was uns Tränen und Enttäuschung bringt und uns an uns selbst und der ganzen Welt zweifeln lässt. Das alles ist Liebe, das alles ist menschlich.

Liebe und unser Verständnis von ihr verändert sich im Laufe eines jeden Lebens. Jugendliche, hormonelle, aufgeregte Liebe, wird irgendwann vielleicht zu reifer, tiefer, erwachsener Liebe. Heute mache ich Dinge für die

Liebe, die ich mir früher nicht erträumen hätte können. Früher tat ich Dinge, die ich heute so nicht mehr machen würde. Ich lerne mich immer wieder neu kennen, jedes Mal, wenn ich liebe. Und je mehr ich über die Liebe nachdenke, je mehr ich das Liebesleben hier in Österreich beobachte und erlebe und je größer der Abstand zu den Liebesgeschichten aus meinem Geburtsland wird, desto sicherer bin ich mir, dass Liebe tatsächlich etwas Verrücktes ist und dass Platon wohl recht hatte, als er sagte: »Liebe ist eine schwere Geisteskrankheit.«

DAS KENNENLERNEN

Willkommen, Donnerstag

هلا بالخميس

Maan Barghouth

Willkommen, willkommen Donnerstag.
Seit Sonntag bin ich schon besessen von
den Gedanken an Donnerstag.
Vergiss deine Last. Es ist Wochenende.
Lass dich nicht stören. Bleib freudig und wach!
Schön bist du, wenn du zufrieden bist.
Vergiss alles! Vergiss alles und lass mich hören:
Willkommen, Donnerstag!
Das Leben ist schön! Nichts ist es wert, was dich
depressiv macht. Das »Wochenende« öffnet seine Tür.
Und die Freude kommt mir entgegen.
Leb. Leb dein Leben. Wie viele Leben haben wir?!
Und vergiss. Vergiss alles. Und lass mich hören:
Willkommen, willkommen Donnerstag!

Als ich noch in Syrien lebte, war ich als Jugendlicher, wie wohl auch die österreichischen Burschen im pubertären Alter, sehr wild darauf, Frauen kennenzulernen. Bevor es Tinder gab, musste ich da zu anderen, etwas unkonventionelleren Mitteln greifen. Ich musste kreativ sein.

Ich hatte damals eine schöne Handynummer. 0963 69 69 69. Gut zu merken und definitiv gut zu teilen. Das dachte ich auch, als ich in Damaskus mit einem der Minibusse unterwegs war. Ähnlich den österreichischen Linienbussen übernehmen sie den öffentlichen Verkehr, sind aber meist nur Zwölfsitzer. Zu Uhrzeiten, in denen viel los war, knieten, hockten und lagen oft mehr als zwölf Personen fast übereinander. Also vielleicht doch nicht so ähnlich wie in Österreich. Ich nutzte diese Minibusse oft, um in die Schule zu kommen, auf die Uni, oder um in die Stadt zu fahren. Irgendwann überkam mich die grandiose Idee, meine Handynummer auf der Rückseite meines Vordersitzes zu verewigen. In der Hoffnung, dass mich irgendwann eine mysteriöse, wunderschöne und perfekte Frau aus dem Bus anrufen würde. Leider wartete ich vergebens auf den Anruf der Buslady. Jahre später erreichte mich dann allerdings doch noch ein interessanter, mysteriöser Anruf. Dazu aber später mehr.

Wo findet das Kennenlernen statt?

Egal ob im Internet, in einem Park oder in der Diskothek. Wo wir unsere potenziellen Partner kennenlernen könnten, hängt von vielen äußeren und persönlichen Faktoren ab. Dass die Nummer auf der Rückbank des Busses vielleicht nicht gerade der beste Weg ist, um die große Liebe zu finden, habe ich mittlerweile verstanden. Aber auch andere, konventionelle oder unkonventionelle Orte sowie Arten und Weisen der Partnersuche haben sich als mehr oder weniger erfolgreich herausgestellt.

Erste Dates und das Kennenlernen gehören wohl zu den aufregendsten Erfahrungen in der Liebe. Die Nervosität, das Ungewisse – wie schön es nicht ist, neue Bekanntschaften zu schließen! Selbst dann, wenn sie nicht in der perfekten *Love Story* enden. Liebe kennt keine Hausnummern. Sie kann überall lauern und warten. Allerdings gibt es, wie ich feststellen durfte, doch auch kulturelle Unterschiede, wenn es darum geht, sie zu finden.

Warum verstehen die Syrer etwas völlig anderes unter »Lass uns was trinken gehen?« als die Österreicher? Stimmt es, dass die Syrer bessere Tänzer sind? Warum ist der Donnerstag in der arabischen Kultur, wenn es um die Liebe geht, so besonders? Und ist die Frage nach der Uhrzeit wirklich der richtige Weg, eine Frau anzusprechen?

Warum ich auf die Uni ging

Ich erzähle oft, dass der einzige Grund, warum ich in Damaskus die Uni besuchte, jener war, Frauen kennenzulernen. Und eigentlich stimmt das auch. Allerdings war meine Absicht dabei nicht unbedingt, mich zu verlieben, sondern eher, neue Kontakte zu knüpfen und Freundschaften zu schließen. Und das habe ich auch gemacht. Ich lernte viele nette Frauen kennen, doch mit kaum einer von ihnen ging ich eine Liebesbeziehung ein. Die meisten wurden zu platonischen Freundinnen. So wie die Mädels in Graz, die ich nach meiner Ankunft in Österreich kennenlernte.

In einer Sache sind sich die Syrer und die Österreicher sehr ähnlich, vermutlich ist das sogar ein internationales Phänomen. Sobald ein Mann mit einer Frau unterwegs ist, mit ihr befreundet ist oder viel Zeit mit ihr verbringt, kommt dieses bestimmte: »Uuuund ...?« Ein »Und«, welches mit einem ganz speziellen Blick begleitet wird und welches eine sexuelle oder romantische Verbindung mit eben jener Frau impliziert. Ich denke mir in diesen Momenten immer: »Oida. Ich muss doch nicht sofort mit jeder Frau schlafen, mit der ich unterwegs bin. Wenn ich mit einem männlichen Freund unterwegs bin, fragt auch niemand nach meinem Sexualleben.« Dennoch besteht immer die Annahme oder der Verdacht, dass eine platonische Freundschaft zwischen einem Mann und einer Frau nicht existieren kann.

Während meiner Zeit bei »Dancing Stars« erging es mir ähnlich. Egal ob mit meiner Tanzpartnerin oder mit anderen Frauen, die in der Produktion arbeiteten. Als ich mit einer der Produktionsmitarbeiterinnen, die mich während meiner Tanz-Zeit unterstützten, zu einem Fest ging, wurde sofort spekuliert. »Wer ist das? Was machen die gemeinsam? Hat er nicht eine Freundin?«, waren die leisen Kommentare der Mitfeiernden. Versuche ich mich zu erklären, wirke ich so, als würde ich mich rechtfertigen. Letzten Endes ist es mir aber egal, was die anderen Menschen denken. Ganz nach dem Motto: Lass die Leute reden!

Auf die Uni bin ich aber jedenfalls wirklich gegangen, um Freundschaften zu schließen. Vielleicht auch, um die ein oder andere Frau auf einer romantischen Ebene kennenzulernen. Das Studieren war ehrlicherweise tatsächlich zweitrangig.

Vom Sibky Park zum Jakominiplatz

In Damaskus gibt es wunderschöne Gärten. Vor allem im Frühling, wenn die Feigenbäume und der damaszenische Jasmin blühen, wenn ihr Duft bei einer leichten Brise in die Nase steigt. Ja, dann ist auch der perfekte Moment, um den Sibky Park zu besuchen, denn hier trifft sich die Jugend, hier wird geflirtet, kennengelernt und beobachtet.

Auch in Graz konnte ich so einen Ort identifizieren. Den Jakominiplatz. Etwas weniger romantisch, muss ich gestehen, aber er scheint seinen Zweck zu erfüllen. Bekannte Fastfood-Restaurants laden die steirische Jugend zum Schuleschwänzen und Händchenhalten ein.

Der Qāsiyūnberg

Auch für die etwas älteren, reiferen Liebenden gibt es einen ganz besonderen Treffpunkt zum Kennenlernen in Damaskus. Wobei es hier meistens nicht unbedingt um das erste Kennenlernen, sondern eine Art »besseres« Kennenlernen geht, wenn du verstehst, was ich meine.

Der Qāsiyūnberg hat zwei Seiten. Die Seite des Berges, die der Stadt entgegenblickt, ist wunderschön. Hier treffen sich die Menschen, um zu picknicken, Shisha zu rauchen, Kaffee zu trinken, zu reden und zu essen. Familien, Freunde, Gruppen von Menschen genießen den Ausblick und die Schönheit des Berges.

Nun, auf der anderen Seite des Qāsiyūnberges sieht es etwas geheimnisvoller aus. Meistens sind es Liebende, die diese Seite des Berges besuchen, in der Regel nachts. Dort, wo es sonst Kontrollen gibt, sind, sobald die Sonne untergegangen ist, keine mehr, denn diese Seite des Berges ist für seine nächtlichen Besucher und ihre Vorhaben bekannt. Hier wird es sogar weitgehend toleriert. Auf der dunklen Seite des Qāsiyūnbergs tanzen die Autos, so ist das in ganz Damaskus bekannt, und nicht ohne Grund trägt dieses Örtchen auch den Spitznamen »Spermaberg«.

Willkommen zurück, Donnerstag

Vermutlich ist der Spermaberg besonders an Donnerstagen gut besucht. Denn wie du dem oben angeführten

Liedtext schon entnehmen konntest, herrscht in Syrien eine wahre Euphorie in Bezug auf diesen Tag.

Der Freitag ist für die Syrer ein ähnlich wichtiger Wochentag wie für die Österreicher der Sonntag. Es ist unser heiliger Tag, unser Feiertag. Freitags wird nicht gearbeitet, sondern ausgeschlafen und Zeit mit Familie und Freunden verbracht. So wie in Österreich der Samstagabend, lädt in Syrien der Donnerstagabend zum Partymachen ein. Oft traf ich mich mit meinen Freunden zu einer wilden Partynacht. Obwohl: Im Vergleich zu den Partys, die die österreichische Jugend feiert, waren unsere Partys harmlos. Wir trafen uns bei einem Freund, rauchten Shisha, spielten Karten und hörten Lieder von »der Königin der Gefühle« oder »dem König der Traurigkeit«, sehr bekannten arabischen Künstlern. Doch vor allem für die Verliebten war der Donnerstag ein besonders aufregender Tag, denn es war der einzige Tag der Woche, an dem es Verlobten erlaubt war, sich etwas näherzukommen. Je nach Offenheit der Familie gab es vier Stufen für Verlobte: Bei den sehr strengen Familien hieß es, der Verlobte dürfe seine zukünftige Ehefrau erst am Tag der Hochzeit abholen. Bei etwas weniger konservativen Familien durfte der Verlobte jeden zweiten Donnerstag die Familie seiner Verlobten besuchen. Das verliebte Paar durfte miteinander plaudern, es musste jedoch immer jemand dabeisitzen. Die große Hoffnung war, dass der »Anstands-Wauwau« möglichst schnell müde werden würde und dann der kleine Bruder dazu verdonnert würde aufzupassen. Drückt man diesem dann ein Handy in die Hand, ist er gut beschäftigt und die Gespräche der Verlobten können etwas privater werden. Bei noch offeneren Familien ist der Verlobte jeden Donnerstag im Haus seiner Verlobten willkommen, die beiden dürfen sich sogar in ihr Zimmer zurückziehen. Die ganz glücklichen mit besonders unkonventionellen Eltern dürfen sich einfach draußen treffen. Nun verstehst du bestimmt, warum dem Donnerstag von Verlobten so entgegengefiebert wurde. Doch auch bei bereits verheirateten Paaren ist es ein sehr besonderer Tag. Donnerstag ist quasi der Tag des Austauschs, sowohl verbal als auch körperlich. Denn am Freitag muss niemand zur Arbeit aufstehen. Ich kann mich noch gut erinnern, dass ich als Kind am Freitag in der Früh nie ins Schlafzimmer meiner Eltern gehen durfte, weil sie an diesem Tag besonders lange schliefen. Was da wohl am gelobten Donnerstag passiert war?

Der Donnerstag wird also nachvollziehbarerweise von vielen syrischen Menschen so gepriesen, dass ganze Lobeshymnen wie jene von Maan Barghouth darüber geschrieben werden. Willkommen, Donnerstag! Und freitags wird dann ausgeschlafen.

Die Annäherung

Manchmal treffen wir auf einen Menschen, der uns umhaut. Du gehst auf der Straße, plötzlich siehst du eine Frau oder einen Mann, die oder der dich beeindruckt.

Du wirst nervös, bist blitzverliebt und musst einen Weg finden, ihn oder sie anzusprechen und kennenzulernen. Wie gehst du vor?

a.) Ich spreche ihn/sie an und sage so etwas wie: »Hallo, wie geht's dir?«
b.) Ich schicke meine Mutter vor ihre Haustüre.

Bist du Österreicher, hast du dich, ohne Vorurteile hegen zu wollen, vermutlich für Antwort a.) entschieden. Sie klingt auch logisch, dennoch haben wir in Syrien auch eine andere Methode, um uns jemandem anzunähern.

In Syrien wäre das direkte Ansprechen, wie es in Antwort a.) beschrieben ist, unhöflich. In Österreich wiederum ist das ganz normal. Du siehst jemanden, der dir gefällt, und gehst auf diese Person zu. Du beginnst mit *Small Talk* oder machst ein Kompliment, wenn du mutig bist, lädst du dein Gegenüber vielleicht auf einen Kaffee ein. Auch wenn diese Taktik nicht immer aufgeht und auch hier Fingerspitzengefühl gefragt ist, so ist es ein Standard-Prozedere, wenn es ums Kennenlernen in Österreich geht.

Würdest du dasselbe allerdings in Syrien machen, würde man dir einen Mangel an Respekt und Höflichkeit vorwerfen. Sprichst du als Mann eine Frau auf der Straße direkt an, wird sie dir vermutlich antworten: »Man kommt in die Häuser durch die Türen, nicht durch die Fenster.« Die Türen sind hier eine Metapher für den traditionellen Weg über die Familie. Willst du also ein guter

Mann sein und dich deinem unbekannten Gegenüber respektvoll annähern, dann solltest du zügig herausfinden, wo diese Person wohnt. Klingt vielleicht verrückt oder schon fast nach Stalking, ist aber der charmante Weg! Du fragst dich jetzt vielleicht, wie du an die Adresse kommen kannst? Je nach Kontext kannst du entweder begleitende Personen fragen, oder aber du folgst der Person unauffällig, siehst, in welches Gebäude sie geht, und gelangst so an die Adresse. Was in Syrien als romantischer Akt angesehen wird, kann in Österreich eine Anzeige zur Folge haben, nur so am Rande. Danach klopfst du nicht etwa selbst an der Tür, nein, du sprichst mit deiner Mutter. Mit den Worten »Mama, ich habe die Eine gefunden – bitte, bitte geh zu ihr!« oder so ähnlich könntest du sie um Hilfe bitten. Sollte die Antwort deiner Mutter wiederholt »Nein« lauten, so drehen die Hormone mit dir durch. »Dann bringe ich dir Mäuse in die Wohnung« ist eine beliebte Drohung von syrischen Burschen, die ihre Gefühle nicht im Zaum halten können. Nicht umsonst gibt es das Sprichwort: »Verheiratet ihn, damit er ruhiger und reifer wird.« Die Höflichkeit fordert es ein, die Familie um Erlaubnis und Unterstützung zu fragen. Ich muss aber gestehen, ich mache es lieber so wie die Österreicher und gehe direkt auf mein Gegenüber zu, ohne Mama um Hilfe zu bitten.

Natürlich hat sich das Kennenlernen heute etwas verändert und wird nicht mehr überall auf die konservative Art gehandhabt. An den Universitäten und in den großen Städten sind moderne Frauen glücklich darüber, angesprochen zu werden. Sowohl in den konservativen Dörfern als auch in den offeneren Städten ist es jedoch immer der Mann, der die Frau ansprechen muss. Eine Frau, die einen Mann anspricht, ist ein absolutes No-Go. Aber das ist doch in Österreich nicht unähnlich, oder? Das werde ich nie verstehen.

Die unbekannte Anruferin

Manchmal musst du auch gar nichts tun. Manchmal passiert es von selbst. Manchmal braucht es keinen Anmachspruch, keinen Annäherungsversuch, denn manchmal klingelt unverhofft das Telefon.

Ich habe ja bereits erwähnt, dass ich eines Tages einen mysteriösen, unbekannten Anruf bekam. Ob die Person am anderen Ende der Leitung meine Nummer vom Vordersitz des Busses hatte oder vielleicht aus der Zeitung, wo ich damals als Selbstständiger meine Solaranlagen bewarb, wusste ich nicht. Ich arbeitete jedenfalls in meinem Laden und war es gewohnt, Kundenanrufe entgegenzunehmen. Zu dieser Zeit war ich gerade gar nicht an der Liebe interessiert. Ich befand mich in einer Lebensphase, in der ich keine Beziehung wollte. Ich hatte ein paar Verletzungen von meiner Zeit an der Uni hinter mir und wollte mich auf die Arbeit konzentrieren. Doch die Stimme der Anruferin war sanft. Sie war warm und friedlich und so telefonierten wir einige Male, bis das erste Treffen im Raum stand.

Das Kellercafé

Unseren Gesprächen konnte entnommen werden, dass wir uns näherkommen wollten. Mitten auf der Straße, in einer normalen Bar oder einem Kaffeehaus war das für die unbekannte Anruferin allerdings nicht vorstellbar, da sie nicht mit mir, einem fremden Mann, gesehen werden wollte. Aber ich kannte da einen Ort ...

In der Nähe meines Geschäftslokals befand sich ein Etablissement. Eine Art Bar. Allerdings musste hier Eintritt gezahlt werden. Nur wer zahlt, kommt in den Keller. Ich dachte ursprünglich, es sei lediglich ein ruhiger Ort. Ein Ort, an dem Händchen gehalten werden und in Ruhe gesprochen werden kann. Und so wollte ich mit meiner neuen Bekanntschaft dorthin, denn sie schien offen zu sein und ich wollte dieses Kellercafé endlich von innen sehen. Beim Bezahlen an der Eingangstür hätte ich mir schon denken können, dass hier mehr als nur Händchenhalten erlaubt sein muss, denn der Eintritt war sehr teuer.

Wir gingen weiter und gelangten in den ersten Keller. Es war sehr dunkel, lediglich trübes Licht erhellte die Bar. Ähnlich einem Nachtclub. Darunter gab es einen weiteren Keller. Neugierig wie ich bin, gingen wir natürlich noch weiter hinunter. Hier wurde es ruhiger. Nur vier Tische mit genug Abstand zierten diesen Raum. Es war noch dunkler, noch privater und noch ungestörter. »Hier geht schon mehr als nur Händchenhalten«, dachte ich leise bei mir, als ich mit der schönen unbekannten Anruferin in dem dunklen Raum stand. Na ja. Ich glaube, ich muss nicht näher ausführen, was genau in diesem Keller zwischen uns passiert ist, es war auf jeden Fall mehr als Händchenhalten. Aber psssst.

Liebe aus dem Internet

Auch das Internet ist ein Ort des Kennenlernens. Da nicht jeder von uns ständig von unbekannten Frauen angerufen wird, wussten wir uns als junge Erwachsene auch anders zu helfen. Ich bin mir sicher, in Österreich haben sich Jugendliche damals nicht anders verhalten. Na ja, es gab zu dieser Zeit zwar noch kein Tinder und keine Dating-Apps, so wie es sie heute gibt, aber in Syrien gab es »Nimbuzz«. Das war ein Chatroom, in dem Singles miteinander schreiben konnten. Weder telefonieren noch Video-Chatten, rein auf textlicher Ebene. Im Prinzip könnte man es mit Tinder vergleichen, mit dem wichtigen Unterschied, dass »Nimbuzz« keine Fotos zuließ und wir es nicht auf dem Smartphone, sondern einem Stand-PC nutzten. Du wusstest also nie, wie dein Gegenüber aussieht oder wer tatsächlich dahintersteckt. Du hättest monatelang mit einer Herzdame schreiben können, um dann herauszufinden, dass du einem alten Mann romantische Liebeserklärungen geschickt hast.

Ich lernte auf »Nimbuzz« ein nettes Mädchen namens Aliya kennen. Wir schrieben viel miteinander, mein lyrischer Charme überzeugte sie und wir hatten viele lustige, aber auch tiefgründige Gespräche. Währenddessen hatte mein Freund und damaliger Mitbewohner Karim weniger Glück. Bei ihm klappte das mit dem Schreiben nicht und er war frustriert.

Schon bald stand das Eid al-Fitr an. In Österreich ist dieses Fest als Zuckerfest bekannt. Warum es hier so heißt, verstehe ich bis heute nicht. Wer ist auf diese bescheuerte Idee gekommen? Zu Weihnachten gibt es auch Schokolade und es heißt trotzdem nicht »Schokoladenfest«. Eid al-Fitr ist jedenfalls ein großes Fest, welches drei Tage lang dauert. Die Stimmung in der Stadt ist großartig, alle Menschen sind draußen, tanzen und lachen, und die jungen Männer und Frauen dürfen sich etwas freier bewegen als sonst. Die perfekte Gelegenheit, um Aliya zu treffen. Wir vereinbarten einen Treffpunkt. Ich nahm Karim mit und sie würde, zu seinem Glück, eine ihrer Freundinnen mitnehmen. Der perfekte Plan.

Am Weg zu unserem Treffpunkt machten sich Angst und Aufregung in mir breit. Was, wenn es doch Betrüger sind? Was, wenn die beiden Frauen eigentlich zwei alte Männer sind? Was, wenn sie uns vielleicht sogar etwas antun wollen? Trotz meiner Zweifel konnte unserem ersten richtigen Treffen nichts mehr im Weg stehen. Zu meiner Beruhigung standen an unserem vereinbarten Treffpunkt dann auch tatsächlich zwei junge Damen, die auf uns warteten, keine alten Männer. Ich will mir gar nicht vorstellen, mit welchen Gedanken und Ängsten die beiden Frauen zu dem Treffen gegangen waren, wenn schon ich am Weg dorthin Angst vor Betrug und

Entführung hatte. Doch es schien alles in bester Ordnung zu sein. Zwei nervöse junge Männer und zwei neugierige junge Frauen. Eine davon sah bezaubernd aus. Sie war so süß, ihr Lachen konnte ich bereits aus der Ferne sehen und es verzauberte mich augenblicklich. Doch leider stellte ich schnell fest, dass das Aliyas Freundin war. Aliya hingegen verzauberte mich überhaupt nicht. Leider. Karim war jedoch im siebten Himmel. Im Gegensatz zu mir genoss er sein Date und glühte sein Gegenüber mit verliebten Augen an. Ich wäre am liebsten einfach gegangen, wenn ich ehrlich bin, doch seinetwegen musste ich bleiben. Wäre ich alleine gewesen, hätte ich mich nach einigen Minuten freundlich von Aliya verabschiedet. So durfte ich dabei zusehen, wie Karim ein wundervolles Date hatte, während ich die Annäherungsversuche von Aliya möglichst höflich abzuwehren versuchte. Er hatte eine schöne Zeit, sogar ein paar zarte Küsse wurden ausgetauscht und ich musste meinen Ärger und meine Enttäuschung verstecken. Aber ich lernte daraus. Seitdem nehme ich keine Freunde mehr auf meine Dates mit.

Dating-Apps in Österreich

Im Flüchtlingsheim sprachen meine Zimmergenossen immer wieder über Tinder und Lovoo. Ich wusste nicht, was das sein soll. Ich saß oben auf meinem Stockbett und fragte meinen Kollegen unter mir, was es mit diesem Tinder und diesem Lovoo auf sich habe. Er erklärte mir, es seien Dating-Apps. Ich war skeptisch, bis er eines Tages aufgeregt zu uns ins Zimmer kam, wir waren zu viert, und uns von seinem anstehenden Date berichtete. Er hatte eine Frau kennengelernt. Auf Tinder. Und nun sollten sie sich treffen. Er war hektisch und so halfen wir ihm, sich auf das Date vorzubereiten. Ich sehe es noch vor mir, als wäre es gestern gewesen. Wir halfen ihm dabei, ein passendes Outfit zu finden, kämmten ihm die Haare und redeten ihm gut zu. Rausgeputzt und aufgebrezelt verließ er schließlich das Flüchtlingsheim, um sich mit der unbekannten Dame zu treffen. Wir anderen Männer konnten seine Rückkehr kaum erwarten, waren wir doch unglaublich gespannt, was er von seinem Date erzählen würde. Wie die Unbekannte wohl war? Wie sie aussah? Konnten sie sich trotz seines sehr schlechten Deutsch überhaupt unterhalten? Würden sie sich wiedersehen? Wir empfingen ihn gleich an der Tür, als er zurückkam, und schauten ihn erwartungsvoll an, gespannt auf seine Erzählungen. Doch er schwieg. Er wollte nichts erzählen. Selbst als wir ihn mit hunderten Fragen löcherten, blieben seine Lippen verschlossen. Vermutlich war es nicht allzu gut gelaufen.

Anfangs weigerte ich mich, selbst diese Apps herunterzuladen. Einerseits erinnerte ich mich an meine holprigen Erfahrungen mit »Nimbuzz« in Syrien, andererseits schien auch mein Kollege aus dem Flüchtlingsheim nicht gerade von seinem Treffen begeistert gewesen zu sein, weshalb ich nicht an den Erfolg der Apps glaubte. Irgendwann überkam mich allerdings doch die

Neugier. Ich bin ja ein Beobachter, ein neugieriger, wissbegieriger Mensch, also wollte ich mir selbst ein Bild der in Österreich scheinbar sehr beliebten und weitverbreiteten Datingportale machen. Ich muss gestehen, ich war nicht begeistert. Ich lernte niemanden dadurch kennen und ich war überfordert von der Menge an Kontakten, Fotos und Eindrücken, die diese App bereithielt. Außerdem sprach ich zu diesem Zeitpunkt kaum Deutsch. Ich hatte nicht die Möglichkeit, mit jemandem so richtig zu schreiben, da ich die Sprache nicht beherrschte. In persona hatte ich immerhin noch die Gestik und Mimik und die Energie und das Charisma, welches mir oft dabei half, Verbindungen zu kreieren und Menschen kennenzulernen, aber im Chatroom am Smartphone konnte ich nur mit dem geschriebenen Wort arbeiten und das war zu der Zeit auf Deutsch noch sehr schwierig.

Unterhaltung auf neuem Niveau

Auch wenn Tinder und Co. für mich nicht der beste Weg waren, um Frauen kennenzulernen, so funktioniert es bei anderen Menschen einwandfrei. Ich kenne viele Paare, die sich über Dating-Apps kennengelernt haben. Auch in der älteren Generation ist das Internet-Dating mittlerweile keine Seltenheit mehr. Sie greifen vielleicht auf seriösere Plattformen zurück, finden dennoch ihr Glück im *World Wide Web*. Während ich auf Tinder unterwegs war, habe ich viel gesehen und analysiert. Ich sah mir Profile von Frauen, aber auch von Männern an, um mir ein Bild der Dating-Kultur in Österreich und ein Bild von den Menschen zu machen, die auf der Suche nach Liebe, einem Gspusi oder einer wilden Nacht sind. Und ich muss zugeben, ich wurde gut unterhalten. Die Profile, die Bios und Selbstbeschreibungen, die ich auf Tinder zu lesen bekam, waren teilweise unterhaltsamer als das ein oder andere Comedy-Programm. Aber mach dir davon dein eigenes Bild.

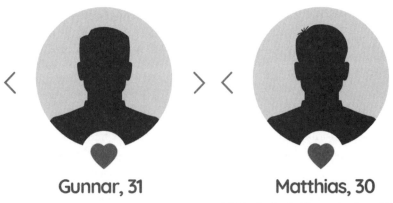

Gunnar, 31

Warum sollte ich nicht ehrlich sein? Ich bin unsympathisch, lüge, bin ungebildet und humorlos. Ich war aber nicht immer so.

Matthias, 30

Ich bin single, du bist single, du weißt, v das heißt ... Wir sind wohl beide hässlic Polyamorie, Lesen, Life Action Role Plc Schwertkampf, Metal, Austro Pop, Schwarzer Humor

David, 29

cm. Nur Vergnügen und gute Momente. Also lass uns über unsere Vorlieben echen. Ich weiß, ich kann dich nur durchs Schreiben zum Höhepunkt bringen...

Oskar, 30

Bitte nur rechts swipen, wenn deine Eltern ein Chinarestaurant besitzen.

Christina, 29

Eher was Lockeres, unkompliziert und stressfrei bitte! Bitte nur ungeimpft!

Mario, 29

Ich bin nicht so gut im Bett, aber keine Sorge, es wird nicht lang dauern!

Thomas, 33

Ich bin ungeimpft und gesund.
Nur Interesse an ungeimpften Damen.

Sklave, 35

Shibari, Femdom, SM
Sexuelle Handlungen sind jedoch
ausgeschlossen. Nur dominante und
starke Frauen, die auf der Suche nach
einem unterwürfigen Sklaven sind.

Gerry, 34

Suche nach einer seriösen Beziehung.
Anmerkung: Karrierefrauen, bleibt mir
fern, ich bin nicht der Eine für euch.

Simone, 27

Ich treffe mich nur mit
geimpften Männern.

Nora, 36

Suche nach einem diskreten jungen Mann (20-34, sportlich) für egelmäßige romantische Zweisamkeit.

David, 34

Ich habe immer gehört, dass jeder Topf mal einen Deckel findet, scheinbar bin ich eine Auflaufform :D Und lass uns bloß unseren Eltern erzählen, dass wir uns im Supermarkt kennengelernt haben. PS: Nachdem es nun so modern ist, seinen Impfstatus zu posten: 17x

Hannes, 35

181 cm groß, Nichtraucher. ch bin vergeben und wünsche mir eine nspruchsvolle Affäre/Abwechslung im ebesleben, keine One-Night-Stands. Ich e ein eigenes Haus, unter der Woche oft i. Du darfst auch gerne um einiges älter sein, als ich es bin. Freu mich auf dich.

Felix, 32

Suche nach Frau in gebährfähigem Alter für meine zukünftigen drei Töchter. Mitgift verhandelbar. Träumer. Schüchtern. Humor ist, wenn ich lache und der Rest weint.

Feiern, tanzen und aufreißen

Wäre ich bei meinem Blinddate mit Aliya, ihrer bezaubernden Freundin und Karim bereits in Österreich gewesen, hätte ich mir vermutlich ein Frustbier gegönnt. Vielleicht hätte ich mir aber auch etwas Mut angetrunken, um Klartext zu sprechen. Denn in der österreichischen Kultur scheint es erst nach ein paar hochprozentigen Drinks so richtig mit dem Flirten und Verlieben loszugehen. Auch das Tanzen ist Bestandteil der Feier- und Kennenlernkultur, obwohl ich der Meinung bin, dass wir Syrer das vielleicht etwas besser draufhaben.

Meine ersten Fortgeh-Erfahrungen

Als ich noch im Flüchtlingsheim lebte, lernte ich zwei österreichische Burschen kennen. Sie waren richtige Angeber und prahlten mit ihren Fortgeh- und Mädelsgeschichten, als wären sie die Könige von Graz, zumindest glaubten sie das.

Die leeren Autos machen die lautesten Geräusche.

Im Arabischen gibt es ein Sprichwort: »Die leeren Autos machen die lautesten Geräusche.« Es soll so viel heißen wie: Die, die viel reden und prahlen, sprechen immer am lautesten. Und das, obwohl eigentlich nichts dahinter ist. Diejenigen, die angeben, die, die von ihren wilden Abenteuern berichten und sich selbst auf ein Podest stellen, sind meistens die, die in Wirklichkeit am wenigsten zu erzählen haben und unsicher sind. So ähnlich war es auch bei den zwei Burschen, die ich in Graz kennenlernte.

Wir machten uns jedenfalls auf den Weg in die Postgarage, einen bekannten Grazer Nachtclub. Ich hatte damals kein Geld, aber die Vorfreude war zu groß, um mich davon unterkriegen zu lassen. Schon als wir eine gefühlte Ewigkeit in der Schlange standen, war ich aufgeregt, denn ich hatte keine Ahnung, wie so ein Clubbesuch abläuft. Genauso wenig wusste ich, wie ich an diesen breiten Türstehern ohne Ticket oder Geld vorbeikommen sollte. Würden sie mich reinlassen? Oder würde ich eine weibliche Begleitung brauchen, um hineingelassen zu werden? In Damaskus gibt es nämlich Diskotheken, wo einem Mann nur in weiblicher Begleitung Einlass gewährt wird.

Plötzlich ging doch alles schneller als erwartet. Ehe ich mich's versah, waren wir bereits im Inneren des Clubs. Die Türsteher hatten uns ohne weitere Strapazen durchgewunken und so stand ich zum ersten Mal in einer österreichischen Diskothek. Die beiden Grazer waren erstaunlich zurückhaltend. Anstatt auf »Aufriss« zu gehen, so nannten sie das Kennenlernen und Schmusen, also intensive Küssen, standen sie am Rande des *Dancefloors*. Sie beobachteten die Geschehnisse im Raum, interagierten aber weder miteinander noch mit den dort anwesenden Frauen.

Ich hingegen fasste all meinen Mut. Ich wollte plaudern, Menschen kennenlernen, Frauen, Männer, Österreicher, ganz egal. Es ging mir dabei nicht unbedingt um einen »Aufriss«. Natürlich hätte es mich auch nicht gestört, aber in erster Linie wollte ich Menschen kennenlernen. Nur sprach ich zu diesem Zeitpunkt noch kein oder kaum Deutsch. Eine unüberwindbare Hürde, so schien es, doch trotzdem versuchte ich es.

»*Wie spät ist es?*«

Mit einer unschuldigen Frage nach der Uhrzeit, die ich auch in der mir fremden deutschen Sprache halbwegs fehlerfrei formulieren konnte, näherte ich mich einer jungen, hübschen Frau an, die zum Beat der Musik wippend etwas außerhalb der Menge stand. Zugegeben, es war mir völlig gleichgültig, wie spät es war, eine Uhr hatte ich selbst auch, aber ich dachte, mit *Small Talk*, meinem Charme und meinen Locken könnte ich vielleicht trotz des holprigen Gesprächsstarts und meiner mangelnden Deutschkenntnisse punkten. Leider blieb mein Annäherungsversuch erfolglos. Die nette junge Frau ließ mich zwar freundlich wissen, wie spät es war, mehr ergab sich daraus allerdings nicht. Schnell huschte sie zu ihren Freundinnen zurück und ich sah sie an diesem Abend nicht wieder.

Ich muss zugeben, es war nicht mein bester Anmachspruch. Einen Versuch war es dennoch wert und heute weiß ich zumindest, dass die Frage nach der Uhrzeit kein romantischer Eisbrecher ist.

Der stille Beobachter

Auch wenn ich an diesem Abend keinen Erfolg bei den Ladys hatte, so hatte ich dennoch eine tolle Zeit. Ich tanzte, genoss die Musik und beobachtete das Verhalten meiner Geschlechtsgenossen. Nicht nur an diesem, auch an späteren Abenden befasste ich mich beobachtend damit, wie die Österreicher feiern und flirten.

Viele Männer sind auf der Suche.

Ich musste feststellen, dass viele Österreicher, vor allem die jungen Männer, regelrecht auf der Jagd sind. Sie sind in Männergruppen unterwegs, mit dem scheinbar einzigen Ziel, einen »Aufriss« zu ergattern. Manche von ihnen wirkten sogar gestresst, wenn die Stunde später wurde und die Chance auf eine paarungswillige Bekanntschaft mehr und mehr sank. Das nahm der Sache die Leichtigkeit und den Spaß. Denn die, die so dringend danach suchen, finden nur selten ihr Glück. Geht das Kennenlernen mit Druck einher, verlierst du an Authentizität. So zumindest meine Erfahrung.

Das Mutbier

Feiern und Alkohol gehen in Österreich Hand in Hand. Besuchst du im Alpenland eine Diskothek, wirst du kaum jemanden sehen, der kein Bier, keinen Spritzer oder kein Wodka Red-Bull in der Hand hält. Außer bei den auserkorenen Helden der Nacht, den Autofahrern der Gruppe, gehört der Alkohol genauso zu einer ausgelassenen Nacht wie gute Musik und nette Freunde.

Das österreichische Mutbier, so nenne ich gerne die Drinks, die dabei helfen sollen, offener und lockerer zu sein, scheint tatsächlich seine Wirkung zu haben. Im Laufe des Abends ist nämlich eine Änderung der Stimmung zu beobachten. Anfangs, vor dem ersten Mutbier, wirken sowohl die Männer als auch die Frauen sehr schüchtern. Sie sind ruhig, sie tanzen höchstens vorsichtig, indem sie mit dem Fuß oder dem Kopf wippen. Nach ein oder zwei Mutbieren sind die Feierfreudigen schon etwas lockerer. Langsam kommt Bewegung in den *Dancefloor* und erste Annäherungsversuche finden statt, erste Blicke und Worte werden ausgetauscht. Nach dem vierten Mutbier geht es richtig los, alles, was darüber hinausgeht, endet oft mit einem Blackout. Nach ein paar Mutgetränken stecken dann plötzlich Zungen in Mündern, Körperflüssigkeiten werden ausgetauscht und auf der Tanzfläche spielen sich wilde Szenen, die einem animalischen Paarungstanz gleichen, ab.

Ich brauche kein Mutbier

Ich persönlich verzichte auf mein Mutbier und einen sicheren »Aufriss«. Ich gehe gerne fort, ich schalte gerne ab und blende den Alltagsstress aus. Ich lasse mich in der Musik treiben, tanze und trinke vielleicht auch das ein oder andere Glas, wenn ich darauf Lust habe, aber ich tue das nicht, um mir Mut anzutrinken und dann Frauen anzuquatschen. Erstens brauche ich dafür keinen Extramut, denn ich bin offen und kommunikativ genug, und zweitens nehme ich das Leben so, wie es kommt. Ohne Druck und Erwartungen.

In Damaskus war das Fortgehen auch Bestandteil unseres Lebens, wenn auch etwas anders. Wie ich bereits erzählt habe, trafen wir uns meistens am Donnerstag, rauchten Shisha und plauderten. Oft hörten wir auch Musik, manchmal die des »Königs der Traurigkeit«. Wir spielten Karten, philosophierten über das Leben, die Liebe und die Frauen. Eine Clubkultur, so wie sie es hier in Österreich gibt, kannte ich dort nicht. Wobei, es gibt die Kabaretts.

Wer mein Buch »Sisi, Sex und Semmelknödel« gelesen hat, erinnert sich vielleicht daran, dass das Wort Kabarett in Syrien eine andere Bedeutung hat als in Österreich. Ich lernte ein paar nette Burschen in Damaskus kennen und sie luden mich ein, mit ihnen in einen hippen Club zu gehen, ähnlich wie die Burschen aus Graz. Als wir in die vermeintliche Diskothek eintraten, begriff ich schnell, dass ich dort nicht viel tanzen würde. Denn dort tanzten halbnackte Frauen, während die Männer zusahen. Sie arbeiteten dort als Tänzerinnen, doch je nach Vereinbarung standen sie auch für andere Dienste zur Verfügung. Diese werden aber nicht vor Ort verrichtet – vielleicht besuchst du mit ihr das Kellercafé oder den Spermaberg? Jedenfalls heißen jene Nachtclubs in Syrien Kabarett. Als ich zum ersten Mal in Österreich zum Kabarett eingeladen wurde, begann ich zu schwitzen. Heute kenne ich den Unterschied – mein Küchenkabarett, bei dem ich das Kochen syrischer Speisen mit der Poesie meiner Erzählungen verbinde, ist an die österreichische und nicht an die syrische Bedeutung angelehnt. Hoffentlich bist du jetzt nicht enttäuscht!

Dabke vs. Schuhplatteln

Dabke (arabisch دبكة) ist ein orientalischer Folkloretanz und bedeutet so viel wie »Mit den Füßen auf den Boden stampfen«. Er wird in vielen Ländern des Nahen Ostens getanzt. Egal ob bei Familienfeiern, Hochzeiten, der Rückkehr oder Abreise von Reisenden, an Feiertagen oder bei Beschneidungen, *Dabke* animiert und motiviert Feiernde. Der dynamische Reihentanz wird üblicherweise in großen Gruppen ausgeführt, durch Halten der Hände oder Umfassen der Schultern wird miteinander interagiert. Der Rhythmus und das Tempo sind mitreißend und der Gruppentanz vereint Menschen über den gesamten Orient hinweg.

In Österreich gibt es auch einige traditionelle Tänze. Zu Silvester tanze auch ich jedes Jahr den Donauwalzer. Auf dem Land durfte ich aber auch andere, sehr interessante Volkstänze wie den Schuhplattler kennenlernen. Dieser alpenländische Tanz, der seinen Ursprung vermutlich schon im Mittelalter hat, sieht auf den ersten Blick für einen Migranten wie mich ein wenig fragwürdig aus. Handschläge auf die Oberschenkel und Schuhe sind charakteristisch für den Einzeltanz. Er wird zwar in Gruppen vorgeführt, aber getanzt wird alleine.

Gut, in den österreichischen Clubs habe ich noch keine Schuhplattler gesehen, in den damaszenischen Kabaretts wird hingegen schon *Dabke* getanzt. Wenn ich aber beide Tanzkulturen miteinander vergleiche, muss ich einen klaren Gewinner verkünden.

Die Syrer sind definitiv die besseren Tänzer.

Die Syrer spüren den Tanz und bewegen sich mit vollen Emotionen. Wir brauchen nicht unbedingt Alkohol, um befreit zu tanzen, vielleicht tanzen wir deshalb auch besser. Wer mich bei »Dancing Stars« das Tanzbein schwingen hat sehen, könnte jetzt vielleicht meinen, ich wäre die Ausnahme. Aber he! Ausnahmen bestätigen die Regel. Natürlich haben auch die Österreicher ein paar Moves drauf und ich möchte nicht alle in einen Topf werfen.

Wenn es um das Feiern geht, haben die Syrer den Österreichern beim Tanzen einiges voraus, umgekehrt die Österreicher den Syrern einiges beim Trinken.

Es ist also ausgeglichen. Tanzen und trinken. Beides gehört irgendwie dazu. Und den Druck, über den ich vorhin bei den Österreichern gesprochen habe, gibt es übrigens auch bei den Syrern. Egal wie gut sie tanzen und wie wenig sie trinken, auch sie haben oft nur ein Ziel, wenn sie um die Häuser ziehen.

Aufriss ist nicht gleich Liebe

In Österreich wird im Club gerne aufgerissen. Männer und Frauen suchen nach potenziellen Paarungspartnern, die große, langanhaltende Liebe ist hier aber in meinen Augen nicht unbedingt zu finden. Sicher gibt es sie auch, die große Liebe von der Tanzfläche, die (ohne politisch sein zu wollen) »b'soffene Gschicht«, die zur Langzeitbeziehung wurde, in der Regel sind die Aufrisse aus der Diskothek aber keine Verbindungen für die Ewigkeit. Ich werde dem Treiben und dem Tanzen der Österreicher beim Fortgehen weiterhin auf den Grund gehen. Denn feiern können sie, die Österreicher. Und schmusen auch.

Das erste Date

Hast du beim Fortgehen doch eine nette Bekanntschaft gemacht, im Internet, auf der Uni oder auf der Straße eine sympathische Person kennengelernt, die dein Interesse geweckt hat, dann kann es gut sein, dass ein Date der nächste Schritt ist. Ein gemeinsames Essen, ein Kaffee oder ein Drink bieten sich dafür, wie ich finde, gut an.

Gehen wir was trinken?

Diese Frage sorgte, seit ich in Österreich bin, schon für einige Missverständnisse. Einer Kollegin, mit welcher ich an einem Projekt arbeitete, schrieb ich vor einiger Zeit: »Hey, wollen wir was trinken gehen?« Sie antwortete euphorisch mit »Ja, gerne!« und schlug eine Uhrzeit und ein Lokal vor, die nicht unbedingt meiner Intention entsprachen, aber ich willigte ein. Sie nahm meine Einladung jedenfalls nicht, so wie ich sie meinte, als gemeinsamen freundschaftlichen Teeplausch an. Sie interpretierte meine unschuldige Anfrage als eine Einladung zu einem Date, welches außerdem Alkohol beinhalten müsse. Als ich sie nach mehrmaligen Flirtversuchen ihrerseits darüber aufklärte, dass unser Treffen für mich ein platonisches, antialkoholisches Zusammensitzen war, war sie nur noch begeisterter. Sie empfand meine Naivität als sympathisch, sie fand es süß. So wurde aus einem eigentlich gar nicht vorgesehenen Date ein tatsächliches und auch noch sehr erfolgreiches Date, wenn du verstehst, was ich meine.

Heute weiß ich: Wenn dich in Österreich jemand fragt, ob du etwas trinken gehen möchtest, dann ist damit meistens ein Bier oder ein Spritzer gemeint. Will jemand etwas Antialkoholisches trinken, dann geht man in Österreich auf einen Kaffee. Für ein Date eignet sich übrigens beides sehr gut, allerdings kann eine freundschaftliche Anfrage auch mal falsch interpretiert werden.

Wer bezahlt die Rechnung?

In Damaskus gibt es ein Szenecafé. Es ist der Ort für ein erstes Date, etwas schickimicki, vielleicht so wie das

»Schwarze Kameel« in Wien. Willst du dort einen Tisch bekommen, musst du dich anstellen. Du musst warten. Und wenn du in Begleitung kommst, musst du als Mann natürlich auch Geld mitnehmen. Denn als Mann musst du bezahlen. Ohne Wenn und Aber, zu einhundert Prozent. Du kannst nicht die Frau zahlen lassen, auch nicht, wenn sie es wollen würde. Denn das würde dich als Mann in deiner Männlichkeit schwächen und dich zum Gespött der ganzen Stadt machen.

In Syrien läuft die Rechnungsübernahme noch etwas konservativer ab als mittlerweile in Österreich. Der Mann zahlt. Auch wenn ich finde, dass das kein Muss sein sollte, so finde ich auch, dass es kein Machogetue ist, wenn der Mann zahlen möchte. Zumindest nicht immer. Manchmal ist es einfach nur freundlich gemeint, ein Ausdruck der Dankbarkeit für ein schönes Treffen. Ich habe mir aber mittlerweile angewöhnt, zumindest zu fragen, ob es für die Dame in Ordnung geht, wenn ich bezahle. Aus Höflichkeit. Denn es ist nicht selbstverständlich, dass diese Geste in Österreich immer angenommen wird. »Darf ich dich einladen?« Diese Frage stelle ich lieber zuerst, statt ganz selbstverständlich, nur aufgrund meines Geschlechtes, die Rechnung auf mich zu nehmen.

Österreichische Freundinnen berichteten mir auch darüber, dass sie sich vor allem beim Ausgehen nicht gerne einladen lassen. Selbst die Einladung auf ein Getränk löst bei vielen Männern scheinbar die Erwartung aus, mit der Frau nach Hause gehen zu können oder zumindest einen Kuss zu ergattern, da sie seiner Meinung nach ja nun in seiner Schuld stehe. Dabei hat eine Einladung noch lange nichts mit der Verpflichtung zu körperlicher Nähe zu tun.

In Syrien lud ich einmal eine Frau auf ein Date ein: Zuerst ein Picknick im Park, dann ein schöner Spaziergang, anschließend ein feines Abendessen und zum Schluss noch ein Besuch im Kino. Ich bemühte mich sehr, da es mir große Freude bereitete. Das Intimste, was ich für diesen durchgeplanten Tag bekommen habe, war ein Händchenhalten. Vier Tage danach schmolz ich noch dahin, als ich über die Berührung nachdachte. Meine Hand duftete nach ihr. Da war es mir sogar egal, dass ich für dieses Treffen mein letztes Geld ausgegeben hatte. Ich konnte mir nicht einmal mehr das Busticket für den Weg nach Hause leisten und ging zu Fuß. Sehr weit. Aber das war mir egal. Ich freute mich und bin mit einem wunderbaren Gefühl und den schönsten Erinnerungen den langen Weg nach Hause gegangen. Ich lachte und ich dachte mir »Scheiß drauf, du hast sie eingeladen und jetzt gehst du zu Fuß nach Hause«.

Ich finde, jeder sollte für sich selbst entscheiden, ob er sein Gegenüber beim Date einladen möchte und ob das Eingeladenwerden für einen selbst etwas Positives ist. Das Wichtige ist die Balance und die Gegenseitigkeit. Außerdem darf eine Einladung nie mit Erwartungen einhergehen. Lädst du gerne ein, dann tu es, aber denke nicht, dass du deswegen etwas zurückbekommst. Freu dich dafür umso mehr über das Kribbeln im Bauch und das Lächeln im Gesicht, nachdem du ein erfolgreiches Date hattest.

Liebe ist nicht ortsgebunden

Das erste Date oder aber auch der Ort des Kennenlernens sind im Endeffekt nebensächlich. Die Liebe ist nämlich ein Gefühl, genauso wie die körperliche Annäherung. Weder in Syrien noch in Österreich gibt es dafür eine genaue Gebrauchsanweisung.

Auch wenn die Liebe aus dem Internet für mich nicht funktioniert hat, heißt es nicht, dass sie nicht auch dort zu finden ist. Sie kann aber genauso auf der Straße, in der Diskothek, auf der Uni oder am Arbeitsplatz lauern. Denn in meinen Augen ist die Liebe nicht ortsgebunden. Da sind sich, denke ich, auch Österreicher und Syrer einig.

Während in Österreich gerne auf den Alkohol gesetzt wird, hat in Syrien, wenn es um die Liebesfindung geht, auch die Familie oft noch ein Wörtchen mitzureden. Während die Syrer sich auf den Spermaberg flüchten, leben die Österreicher ihre Gelüste manchmal etwas offener und nicht nur im Schatten der Nacht auf der dunklen Seite des Qāsiyūnbergs aus.

Die Kennenlernphase ist schön. Sie ist wie der Frühling der Liebe, der Anfang von etwas Großem, geladen mit Emotionen, Aufregung, Euphorie. Hormone spielen verrückt, nicht nur bei der Jugend. Egal, wie alt wir sind: Verlieben wir uns, dann sieht die Welt einfach anders, schöner und bunter, aus. Was wir daraus machen, bleibt uns überlassen.

GSPUSIS, SEX UND ONE-NIGHT-STANDS

Ich berührte dich

لمستك

Amr Mostafa

Als ich dich berührt habe,
habe ich alles andere vergessen.
Mit dir einen Tag zu erleben, ist mein Traum!
Diese Nacht ist der Anfang! Bleib bei mir.
Mein Leben hat in dieser Nacht begonnen!
Wir sollen leben. Komm mir näher!
Komm mit mir zum weitesten Platz!
Vergessen ist alles, was wir verloren haben!
Wir leben nur für uns.
Die Gefühle, die wir versucht haben zu verstecken,
sind jetzt raus! Wir sollen leben ... Komm mir näher.
Ich reiste in deine Augen! Ja, du bist da bei mir.
Ich lebe für dich.

In Damaskus traf ich mich einst mit einer Freundin. Ich war jung, von Hormonen gesteuert und in sie verliebt. Sie mochte mich auch. Meine Freunde und ich wussten oft nicht wohin mit uns. Wir wollten den Mädchen näherkommen, aber es gab keinen passenden Ort. Dann stellten wir fest, dass das Kino eine gute Location darstellt. Ich erinnere mich noch genau, wie nervös ich vor unserem Treffen war. In der Hoffnung, in dem Kino vielleicht einen Kuss auf die Wange zu bekommen, denn immerhin war es dort dunkel. Zumindest konnten wir dort Händchenhalten, zwei Stunden lang durchgehend, bis der Film zu Ende war. Und allein das löste in mir Glücksgefühle aus.

In Syrien dauert es in der Regel viel länger, bis man sich körperlich näherkommt, als in Österreich. Ich finde, es ist etwas Schönes, wenn die körperliche Nähe etwas auf sich warten lässt. Wenn die Aufregung erhalten bleibt. Wird auf den Sex ein wenig gewartet, so kann man sich auf andere Dinge konzentrieren, auf die Spannung und die Atemlosigkeit oder das tatsächliche Kennenlernen auf einer emotionalen Ebene. Am Ende muss aber jeder für sich entscheiden, wie er oder sie vorgeht und wie lange auf das Körperliche gewartet wird. Passiert es gleich beim ersten Date, erst in der Hochzeitsnacht oder irgendwann dazwischen? Auch hier gibt es keine Vorgaben! Kein »Es muss so« oder »Es darf nicht so«. Jeder muss sich mit seinen eigenen Entscheidungen wohlfühlen.

Internationales Tabuthema

Das Beispiel aus dem Kino klingt süß und unschuldig, ich war ja auch noch jünger. Es war ein schönes Treffen, dennoch gibt es einen unangenehmen Hintergrund. Denn die Wahl eines Ortes, der dunkel ist, kommt nicht von ungefähr. Das Kellercafé in Damaskus, der Spermaberg und auch das Kino haben eines gemeinsam. Es sind abgelegene Orte. Orte, an denen niemand genauer hinsieht, Orte, die genutzt werden, um den richtenden Blicken der Gesellschaft zu entfliehen. Um sich kennenzulernen. Die Dunkelheit dieser Orte ist ein Ausdruck für die auch heute noch allgegenwärtige Verbannung sexueller und körperlicher Handlungen zwischen Liebenden aus der Öffentlichkeit, vor allem zwischen Unverheirateten. Jeglicher Ausdruck von Sexualität und körperlicher Liebe ist nämlich noch immer in vielen arabischen Gesellschaften tabu, nicht erwünscht, *haram*. Ein Spruch, den ich in meiner Jugend in Syrien des Öfteren gehört habe, lautet:

Wenn ein Mann mit einer Frau alleine ist,
ist der Teufel der Dritte.

Ziemlich katholisch, oder? Was genau *halal* und was *haram* ist, also was in der arabischen Kultur in Sachen Liebe und Sex erlaubt ist oder eben nicht, werde ich noch genauer erklären. Viele meiner Geschichten sind vermutlich *haram*, aber damit habe ich mich abgefunden, denn in meiner Interpretation ist die Offenheit gegenüber der körperlichen Liebe sehr wohl erlaubt, sogar erwünscht.

Ich lebe Offenheit

Ich hoffe, ich schockiere die Österreicher nicht zu sehr mit meiner Offenheit. Dass ich die Araber schockiere, wenn ich über Sex, Selbstbefriedigung, Pornografie und One-Night-Stands spreche, ist mir bewusst. Ich glaube aber, dass ich manchmal sogar die Österreicher etwas aus der Fassung bringe. Zumindest verraten es ihre Blicke, ihre roten Backen oder ihr nervöses Gelächter, wenn ich beginne, über gewisse Themen zu sprechen.

So offen, wie die westliche Welt immer vorgibt zu sein, ist sie nämlich gar nicht. Diese Erfahrung habe ich hier in Österreich gemacht. Spreche ich über Sex, dann merke ich sofort, dass sich eine gewisse Anspannung im Raum breitmacht. Manche Österreicher beginnen dann zu scherzen, sie machen sich über das Thema lustig und versuchen, ihm die Ernsthaftigkeit zu nehmen. Vielen Menschen scheint es unangenehm zu sein, offen damit umzugehen.

Vor einiger Zeit wurde ich von einer steirischen Zeitschrift gebeten, einen Text für die nächste Ausgabe beizusteuern. Das Thema dieser Ausgabe lautete »Freiheit«. Ein Thema, mit dem ich mich in vielen meiner Texte und Gedichte beschäftige. Ich schickte ihnen ein Gedicht, in dem ich über die Freiheit philosophierte. Neben vielen anderen Worten stand dort auch der Begriff »Masturbation«. Ich ging gar nicht genauer darauf ein, lediglich das Wort wurde erwähnt. Ziemlich normal und in einem offenen Land wie Österreich doch bestimmt kein Problem, oder? Vor allem, wenn es um das Thema Freiheit geht. Falsch gedacht! Die Antwort der Herausgeber war höflich, aber bestimmt: Der Text sei ja sehr schön, aber ich solle doch bitte das böse Wort »Masturbation« weglassen, da es den Lesern übel aufstoßen könnte. Ich musste schmunzeln, als ich diese Bitte, die eigentlich mehr eine Anweisung war, las. Da schreibt der konservative, traditionelle Syrer über Masturbation, und die toleranten, aufgeschlossenen Österreicher wollen es nicht lesen. Schon witzig.

Sowohl hier als auch in Syrien scheint vieles, was mit Sex und körperlicher Liebe zu tun hat, noch immer ein Tabuthema zu sein, oder nicht? Dabei gehören die wilden Geschichten genauso zur Liebe dazu wie die großen, romantischen Gefühle.

Unterdrückte Sexualität

Jeder Jugendliche kommt irgendwann in das Alter, in dem er die sexuelle Reife erreicht. Vor allem bei jungen Burschen spielen die Hormone verrückt. Sie lernen ihre Körper kennen, sie verändern sich und sie spüren einen gewissen Drang. Einen Drang, der zu Beginn nur schwer einzuordnen ist.

Die Sexualität wird in vielen arabischen Ländern und ihren Kulturen erst dann akzeptiert und erlaubt, wenn der Bund der Ehe geschlossen wurde. Ein Bursche, der bereits mit zwölf oder dreizehn Jahren den ersten sexuellen Drang verspürt, muss demnach also etwa zehn Jahre warten – in der Regel wird mit Mitte zwanzig geheiratet –, bis er sich sexuell ausleben darf, bis er sich selbst, seinen eigenen Körper und das andere Geschlecht kennenlernen darf. Somit muss er, laut den gesellschaftlichen Erwartungen, seine Sexualität unterdrücken, bis er verheiratet oder zumindest verlobt ist. Dass das nur in der Theorie funktionieren kann, ist wohl selbstverständlich.

Sexualität als Sünde

Dass die Sexualität eine Sünde sei, wird nicht nur im Islam oder aber auch im Christentum behauptet, auch kultureller und gesellschaftlicher Druck untermauern diese Aussage. Deswegen fällt es vielen Menschen schwer, sich dieser Erwartung offen zu widersetzen.

Selbstliebe voller Scham

»Du sollst keinen Sex vor der Ehe haben.« Diese Empfehlung, die weniger Empfehlung und vielmehr Erwartung sowie gesellschaftliche Vorschrift ist, wird in arabischen Ländern, aber auch in streng christlichen und anderen Kulturen gepredigt und, zumindest dem Schein nach, gelebt. Neben dem klassischen Geschlechtsverkehr fallen auch noch weitere Handlungen unter diesen Grundsatz.

Pornografie und Selbstbefriedigung sind ebenso wie der sexuelle Akt vor der Ehe als Sünde, als *haram*, zu betrachten. Bereits als Kinder und Jugendliche wurde uns das so erklärt, es wurde uns eingetrichtert. Obwohl sich in der Jugend die Sexualität eines jeden Menschen auf natürliche Weise entwickelt, musste ich sie, genau wie so viele andere Jugendliche, unterdrücken. Ich wollte weder Gesellschaft noch Familie oder andere Menschen und Mächte enttäuschen, und so versuchte ich mich in Keuschheit zu üben. Trotzdem konnte ich es irgendwann nicht mehr lassen, mich selbst zu berühren. Es sollte nichts dabei sein, aber ich fühlte mich grauenhaft, schuldig, dreckig.

Nachdem ich das erste Mal masturbiert hatte, musste ich weinen. Ich heulte und heulte, ich fühlte mich so unbeschreiblich schlecht. Ich war überzeugt davon, gesündigt zu haben, und konnte diese Schuld kaum ertragen. Ich schämte mich.

Ein paar Monate später hatte ich starke Schmerzen in der Lende, die sich in einer großen Beule zeigten. Obwohl der Schmerz unerträglich war, erzählte ich niemandem davon. Aus Scham und Selbsthass. Denn ich war mir sicher, dass die Schmerzen die Strafe für mein unsittliches Verhalten, meine Selbstbefriedigung, waren. Ich hatte Angst. Angst vor der Bestrafung Gottes. So traurig es klingen mag, ich dachte, ich müsse sterben, um für meine Sünden zu bezahlen. Und ich weiß, ich war bei Weitem nicht der einzige junge Mann, der sich so fühlte.

Irgendwann platzte die Beule, sie explodierte förmlich, und ich musste ins Krankenhaus. Es stellte sich heraus, dass ich mir beim Sport einen Leistenbruch zugezogen haben musste.

Die Gesellschaft versucht uns oft vorzugeben, wie wir zu leben und zu lieben haben. Sie mischt sich in unser privatestes und innerstes Selbst ein. Sie hemmt uns und nimmt uns den Bezug zu unseren Gefühlen und Trieben. Gerade das Verbot der Selbstbefriedigung nimmt uns außerdem die Verbindung zu unserem eigenen Körper. Folgst du dem Druck der Gesellschaft, kannst du nie Frieden mit dir selbst finden, aber das musste auch ich erst lernen. Heute kann ich mich mit mir und meinem Körper identifizieren, als junger Erwachsener war ich sehr unsicher. Aber nicht nur junge Männer werden verunsichert, nicht nur an sie werden hohe Erwartungen gestellt, auch Frauen haben mit großen Erwartungen und dem Bild einer verfälschten und nur schwer zu erreichenden Realität zu kämpfen.

Die Jungfräulichkeits-Lüge

»Du sollst keinen Sex vor der Ehe haben« bedeutet außerdem so viel wie: Du musst deine Jungfräulichkeit bewahren, bis du verheiratet bist. Auch wenn von Männern erwartet wird, nicht zu masturbieren und auf Sex bis zur Ehe zu verzichten, so nimmt diese Erwartungshaltung gegenüber Frauen noch einmal eine völlig neue Dimension an. Dass Männer Sex haben, auch vor der Ehe, wird in den meisten Fällen akzeptiert und toleriert. Vor allem aber vermindert das ihren Wert und ihr Ansehen in der Gesellschaft nicht. Frauen, die vor ihrer Ehe mehrere oder auch nur einen anderen Sexualpartner hatten, werden in konservativen Kreisen verachtet. Sie seien nicht rein, sie seien nicht die Frauen, die heiratswürdig seien. Sie seien »schlechte Frauen«.

»Die besten Gattinnen sind unberührte Jungfrauen.«

- Arabisches Sprichwort

Das arabische Sprichwort spiegelt die Meinung vieler wider, vor allem vieler Männer. Sie selbst dürfen es sich erlauben, im Kabarett ihren Spaß zu haben oder andere Erfahrungen zu machen, hat aber die Frau Gleiches getan, so wird sie verurteilt.

Ein Bekannter von mir, nennen wir ihn Sain, lebte nach diesem Mindset. Leider. Ich kenne ihn aus Graz. Er war auch immer ausgeflippt, war viel unterwegs und traf sich oft und gerne mit Frauen, um mit ihnen Sex zu haben. Mehr wollte er nicht. Er war der typische Player. Manchmal musste ich einen »Notfall-Anruf« tätigen, um ihn aus einer Situation herauszuholen. Er wollte flüchten, nachdem er von einer Frau das bekam, was er wollte. Ich bereue mittlerweile, dass ich ihm dabei geholfen habe. Jedenfalls behandelte er die Frauen oft ohne Respekt. Er lebte frei, ihm war die Regel »Kein Sex vor der Ehe«, zumindest auf ihn selbst bezogen, gleichgültig.

Als er mir einige Zeit später erzählte, dass er heiraten wird, war ich erstaunt. Noch erstaunter war ich über die Details, die er dahingehend mit mir teilte. »Ich heirate eine Jungfrau, und endlich habe ich eine gefunden, die nicht studiert hat.« Um etwas Kontext zu liefern, muss ich beifügen, dass Sain zuvor bereits einmal verlobt gewesen war. Mit einer Frau, die studierte. Außerdem war sie, so wie er auch, auf Social Media vertreten. Damit konnte er nicht umgehen. Er wollte nicht, dass andere Männer ihren Account sehen können. Und er wollte keine Frau, die gebildet war, die mit ihm diskutierte und eigene Gedanken formulierte. Die Verlobung platzte. Doch nun hatte er anscheinend seine Traumfrau gefunden. Mit Sicherheit ist sie eine wundervolle Person, dass er aber darauf bestand und auch noch damit prahlte, dass sie keine Akademikerin sei und auch kein Deutsch spreche, fand ich sehr fragwürdig. Sie heirateten und er schien sehr glücklich mit dieser Ehe zu sein, die seine Mutter auf traditionellem Weg für ihn organisiert hatte. Seine Traumfrau wurde nämlich von seiner Mutter in Syrien ausgesucht und dann für ihn nach Österreich geschickt. Wie es der Frau in dieser Situation ging, weiß ich leider nicht. Ich würde ihr aber gerne bei ihren Erzählungen zuhören.

Leider ist es keine Seltenheit, dass Männer, vor allem jene, die nach veralteten Standards leben, eine ungebildete Jungfrau als Ehefrau bevorzugen. Viele Männer legen auch Wert darauf, dass die Ehefrau ausschließlich mit ihnen Sex hatte, damit sie keine Vergleichsmöglichkeiten hat. Sie erlebt nur den Sex mit ihrem Mann, weiß also nicht, wie sich Sex anders anfühlen könnte.

Diese Erwartungen und Vorstellungen haben wiederum zur Folge, dass sich viele Frauen für ihre Sexualität schämen, dass sie eine ungesunde Beziehung zu ihrem Körper und ihrer Sexualität führen und nicht zu sich und ihren Sehnsüchten oder ihren Wünschen stehen. Sie müssen versuchen, zwanghaft ihre Jungfräulichkeit zu bewahren oder ihr wahres Ich und die gemachten Erfahrungen zu verstecken, um nicht von der Gesellschaft verachtet zu werden. Denn als von der Gesellschaft als »schlecht« abgestempelte Frau hat sie wenig Chancen auf eine Heirat. Und wenn man als Frau nicht verheiratet ist, hat man oftmals wenig Chancen auf ein Leben in Ansehen. *Anes*, »alte Jungfrau«, ist der mitleidige, fast schon abwertende Titel, den unverheiratete Frauen bekommen. Sie müssen zuhause bei ihrer Familie bleiben und dort mithelfen, während die Brüder sich um sie kümmern. Eine traurige Gestalt in den Augen mancher Syrer.

Natürlich sind diese strengen Vorstellungen über das Leben der Frau nicht im gesamten arabischen Raum zu finden, denn an vielerlei Orten wird mit ihrer Sexualität und Selbstbestimmung offener umgegangen. Traurigerweise gibt es aber auch Geschichten, die noch extremer und radikaler sind als die von Sain und seiner endlich gefundenen »Traumfrau«. Wo das Gesetz der großen

Clans herrscht, ist auch heute noch Ehrenmord ein Thema. Eine von den Männern als »unrein« angesehene
Frau wird ermordet, um ihre Ehre und die der Familie zu
retten. Oftmals vom eigenen Bruder oder einem anderen
Familienmitglied, denn so solle die Ehre reingewaschen
werden, durch das Blut der unreinen Frau. Im Verständnis dieser extrem radikalen Männer ist es für die Frau
besser, tot zu sein als unrein.

Ich, als Araber, als Österreicher und als Mensch, sage,
es ist ehrenlos, die Ehre der Familie vor den Augen anderer Männer und der Gesellschaft durch die Ermordung
der eigenen Schwester, Cousine oder Mutter retten zu
wollen. Das ist die wahre Schande.

Halal und haram

In der islamischen Kultur ist es üblich, einen Mufti um
Rat zu bitten. Der Mufti ist ein muslimischer Pfarrer,
ähnlich einem Imam. Die starken, männlichen Männer, die eigentlich immer alles besser wissen, fragen
den Mufti, ob sie ihre Auserwählte heiraten dürfen oder
eben nicht. Sie fragen, ob ihr eigenes Verhalten oder das
Ausleben ihrer Wünsche *halal*, also erlaubt, oder *haram*,
verboten ist. Es ist sehr praktisch, die Verantwortung
an einen höheren Gelehrten abgeben zu können, allerdings auch sehr fragwürdig. Denn jeder Mufti und jeder Imam hat seine völlig eigene Interpretation dessen,
was unzüchtig ist und was nicht. Beispielsweise ist es

für manche Muftis bereits *haram*, wenn du dir die Haare zwischen den Augenbrauen zupfst. Tust du es, landest du in der Hölle.

Halal und *haram* spielen auch in der Sexualität eine große Rolle. Prostitution, Pornografie, auch die Selbstbefriedigung fallen unter *haram*, sind Gläubigen also streng verboten. Sex vor der Ehe gehört hier natürlich auch dazu, vor allem bei den Frauen.

Eine weitere Frage könnte lauten: »Darf ich eine Europäerin heiraten?« Ein syrischer Gelehrter, welcher schon lange in Deutschland lebt und auch mehrmals zu deutschen Talkshows eingeladen wurde, hatte dazu in einem seiner Videos auf den sozialen Medien eine ganz klare Meinung. »Nein, du darfst sie nicht heiraten.« Die Begründung? Europäerinnen seien keine Jungfrauen mehr. Sie alle hätten Sex vor der Ehe, weshalb sie nicht heiratswürdig seien. »Du kannst sie erst heiraten, wenn sie Reue zeigt. Reue, indem sie sich dem Islam annähert und konvertiert«, erzählte er seinen Followern. Diese Antwort würde man auch von einigen islamischen Zentren in Europa bekommen. Sehr viele von ihnen reagieren allerdings auch positiv auf Themen wie diese. Spannend finde ich außerdem, dass bei solchen Diskussionen überhaupt nicht über den Mann gesprochen wird. Wird etwa davon ausgegangen, dass alle Männer artige Jungfrauen sind? Oder muss ich als Mann etwa auch zu einer anderen Religion konvertieren, wenn ich vor der Ehe Sex hatte? Sollte diese Regel für beide Geschlechter und alle Religionen gelten, hätte ich, wenn ich an meine Vergan-

genheit denke, wohl schon zu einigen Religionen konvertieren müssen. Genauso wie viele andere arabische
Männer auch.

Die wilden Europäerinnen

Ich habe bereits erwähnt, welche Vorurteile die arabische Gesellschaft gegenüber der westlichen Welt hegt.
Sex auf der Straße, freie Liebe und keine Regeln. Vor allem aber auch gegenüber der westlichen oder der europäischen Frau gibt es eine starke Meinung. Europäerinnen seien egoistisch. Sie denken nur an ihre Karriere,
ihr eigenes Leben, ihren Spaß und ihre Freude. Was ist
mit den armen Männern? Mit ihren Wünschen und Bedürfnissen, die die Frauen stillen sollen? An die denkt
niemand! Frechheit! Außerdem gibt es, wenn wir den
Muftis, den arabischen, meist älteren Männern, Glauben
schenken wollen, keine einzige Europäerin, die Jungfrau
ist. Die Europäerin ist wild, sie denkt nur an Sex und ist
weder an Kindern noch an einer langfristigen Bindung
interessiert.

Ich frage mich, wo diese Vorurteile herkommen und
warum sie so extrem sind. Die meisten Österreicherinnen, die ich in den letzten Jahren kennenlernen durfte, waren sehr wohl an einer monogamen, langfristigen
Bindung interessiert. Um ehrlich zu sein, konnte es
manchen von ihnen kaum schnell genug gehen. Das war
sogar mir teilweise zu schnell und zu viel. Denn einige
Österreicherinnen haben scheinbar Stress. Sie wollen

heiraten, Kinder bekommen und ein Haus bauen. Und das alles am besten, bevor sie dreißig sind. Sie sprechen bereits beim ersten Date von der Zukunft, davon, dass sie am liebsten zwei Kinder, ein Mädchen namens Lea und einen Sohn namens Jakob, bekommen wollen und dass sie bereits ein Grundstück von ihren Großeltern geerbt haben, welches sich hervorragend für den Hausbau eignet. »Wo sind denn nun die verrückten, wilden Europäerinnen?«, fragte ich mich bereits das ein oder andere Mal während eines ersten Dates. Anscheinend bin ich verrückter und wilder als die Menschen in Europa. Wie konnte das passieren? Denn genauso, wie die Vorurteile der arabischen Welt gegenüber den Europäern klarerweise nicht der Wahrheit entsprechen, ist es auch andersherum. In meinem Buch »Feig, faul und frauenfeindlich«, welches ich herzlich empfehle, bin ich auf diese Thematik der Vorurteile gegenüber der arabischen Welt sehr genau eingegangen.

Schuld als Angstmittel

Halal und *haram*. Erlaubt und verboten. Gut und böse. Die Empfehlungen der Muftis, die oft die gesellschaftlichen Erwartungen und Normen prägen, setzen junge Menschen unter Druck. Auch Angst spielt dabei eine große Rolle. Denn wenn etwas, was du tust, *haram* ist, so wirst du in der Hölle an eine Kette aus Feuer gefesselt und gepeinigt. Dort wirst du ausschließlich verdorbenes, kochendes Blut deiner eigenen Wunden verzehren und schmerzliche Strafen erfahren. So steht es jedenfalls geschrieben. So werden Kinder von klein auf verängstigt und manipuliert. Auch ich erlebte diese Ängste. Und immer wenn ich dachte, ich hätte sie verarbeitet, tauchten neue auf. Auch im Erwachsenenalter ließ ich mich dadurch von Menschen, die mir nahestanden, denen ich vertraute und die von meinen Ängsten wussten, beeinflussen. Ein langer und harter Prozess, die Traumata der Kindheit aufzuarbeiten, damit uns bestimmte Muster nicht bis zu unserem Tod begleiten oder wir sie an unsere Kinder weitergeben. Dieser schwierigen Aufgabe sollte sich meiner Meinung nach jeder von uns widmen.

Verhältst du dich hingegen *halal*, so wirst du mit dem Paradies belohnt, wo es übrigens ironischerweise alles gibt, was in diesem Leben als *haram* bezeichnet wird. Unzählige Jungfrauen und *chamr*, Alkohol. Also Strafe und Belohnung. Auf diesem Kern beruht nicht nur der Islam, sondern alle abrahamitischen Religionen. Sowohl das Christen- als auch das Judentum arbeiten mit ähnlichen Mitteln und Verboten. Je extremer diese ausgelegt und verlangt werden, desto mehr Druck wird ausgeübt, was zu noch mehr Verheimlichung und Verstecken führt.

Ich bin froh, mich heute nicht mehr dafür schämen zu müssen, eine gesunde Beziehung zu meinem Körper und meiner Sexualität zu führen. Auch wenn dieser Prozess lange gedauert hat und von vielen Tränen, viel Schmerz und noch mehr Scham begleitet war, so weiß ich heute, wer ich bin, wofür ich stehe und dass gewisse Dinge vielleicht für einen Mufti *haram*, für mich dennoch *halal* sind. Ob das nun Haare zwischen den Augenbrauen oder Ehen mit den ach so wilden Europäerinnen sind.

Aufklärende Gespräche

Was genau ein Aufklärungsgespräch ist, erfuhr ich erst in Österreich, als ich mit Freunden darüber sprach, wie wir als Jugendliche an das Thema Sex und Liebe herangeführt wurden. Sie fragten mich, wie meine Aufklärung verlief, ob ich von meinen Eltern oder doch in der Schule von Lehrern aufgeklärt wurde. Ich zuckte nur mit den Schultern. »Was für ein Gespräch?«, fragte ich sie verwirrt. Als ich verstand, was sie meinten, war ich erstaunt, dass es sowas überhaupt in dieser Form und Ausführlichkeit gibt.

Mein Vater war kaum in meine Erziehung involviert. Er arbeitete, brachte das Geld nach Hause und mischte sich nicht in die erzieherischen Maßnahmen meiner Mutter ein. Die Hauptsache war, wir sind brav und machen keinen Blödsinn. Nun ist es aber in meiner Kultur so, dass die Mütter eher mit den Töchtern sprechen, vor allem wenn es um heikle Themen geht, und die Väter mit ihren Söhnen. Das fehlte völlig in meiner Kindheit und Jugend. Auch in der Schule wurde wenig über die körperliche Liebe gesprochen. Aufklärungsunterricht, so wie es ihn meines Wissens zumindest zum Teil in der westlichen Kultur gibt, gab es bei uns nicht. Im Biologieunterricht wurde das Thema »Geschlechtsverkehr« kurz angeschnitten. Das Einzige, woran ich mich erinnern kann, war das Besprechen der Geschlechtskrankheiten. Die bösen, bösen Krankheiten, die der Geschlechtsverkehr mit sich bringt. Die tödlichen, ansteckenden und hartnäckigen Krankheiten, die nur vermieden werden können, wenn sich für eine legale Bindung, in Form von Heirat, entschieden wird. Dass es Verhütungsmittel gibt, sowohl für die Frau als auch für den Mann, und dass es Möglichkeiten für sicheren Sex gibt, wurde uns vorenthalten. Diese Informationen schienen oder scheinen auch heute noch in weiten Teilen der Welt kein Teil des Lehrplans zu sein.

Auch die Österreicher haben ein Blatt vor dem Mund

In Österreich wird zwar mehr über Sex gesprochen, auch eine bessere Aufklärung scheint es zu geben, dennoch finde ich, dass auch hier relativ wenig darüber gesprochen wird. Bei der Aufklärung geht es nämlich in meinen Augen nicht nur um den Akt des Geschlechtsverkehrs selbst, sondern um noch viel mehr. Es geht darum, der Jugend die Angst vor der Thematik zu nehmen und einen offenen Diskurs zu schaffen. Wie schütze ich mich? Wie fühle ich mich in meinem Körper? Wie gehe ich mit meinem Gegenüber um? Welche Grenzen darf ich nicht überschreiten? Was sind meine eigenen Grenzen? All diese Fragen sind essenziell, um positive erste

Erfahrungen zu machen. Bleiben sie bis dahin unbeantwortet, können unangenehme Situationen entstehen. Die Erfahrungen, die wir nämlich in unserer Jugend machen, mit 14, 15 oder 16 Jahren, sind die Erfahrungen, die uns bis ins Erwachsenenalter, bis weit in die Zukunft prägen, traumatisieren und beeinflussen können. Auch der gesellschaftliche und der Zwang der Gruppe spielen eine entscheidende Rolle in der Entwicklung der Sexualität. Während in Syrien Sex vor der Ehe verboten ist und als etwas Schlechtes angesehen wird, kann es scheinbar bei der Jugend in Österreich oder in anderen westlichen Kulturen nicht schnell genug gehen. Wer mit 18 oder gar zwanzig Jahren noch Jungfrau ist, wird ausgelacht und von der Gruppe ausgegrenzt. Während die Jungfräulichkeit in Syrien etwas Ehrenvolles ist, wird es hier oft als peinlich erachtet, mit einem gewissen Alter noch nicht »zum Stich« gekommen zu sein, wie die Grazer so schön sagen. Gruppenzwang und das Bedürfnis nach Zugehörigkeit und Anerkennung führen dann oftmals zu verfrühten, unüberlegten und vielleicht sogar ungewollten ersten sexuellen Erfahrungen. Nicht ohne Grund verbinden viele Menschen, vor allem Frauen, mit denen ich mich unterhalten habe, ihr erstes Mal mit negativen Emotionen und Erinnerungen.

Auch in Österreich fehlt es also meiner Meinung nach an ausführlicher Aufklärung und einer offenen Diskussion über Sexualität. Die eigene Sexualität, das Miteinander, aber vor allem auch der Umgang mit neuen Medien, Pornografie und sexuellen Inhalten im Internet soll und darf in keiner Kultur ein Tabu darstellen. Denn so entsteht Verwirrung, Verletzung und ein ungesundes Verhältnis zum eigenen Körper. Eine der schönsten Sachen der Welt wird aufgrund von falschen Vorstellungen und unzureichender Kommunikation zu etwas Verwerflichem, etwas Ungreifbarem. Dabei finde ich, dass wir es alle verdient haben, offen mit diesem Thema umgehen zu können. Egal ob in Syrien oder in Österreich.

Was ist Sex?

Ich widmete mich bereits der Frage »Was ist Liebe?«. Denn sie ist schwer zu definieren, sie hat für uns alle eine andere, individuelle und besondere Bedeutung. Ähnlich ist es wie ich finde auch mit dem Sex. Wir alle sind beeinflusst. So wie Hollywood uns mit seinen romantischen Liebeskomödien ein verfälschtes Bild der wahren Liebe übermittelt, führen auch sexuelle Inhalte aus dem Internet, Pornografie und Social Media generell zu unrealistischen Vorstellungen, was die Sexualität betrifft. Denn wie (un)realistisch diese Inhalte sind, erklärt uns kaum jemand. Sind vor allem Kinder und Jugendliche diesen Inhalten ausgesetzt, werden sie, bewusst oder unbewusst, davon beeinflusst.

Bedeutet Sex, einen Orgasmus zu haben, oder ist der Begriff breiter zu verstehen? Verstehst du unter Sex automatisch immer klassischen Geschlechtsverkehr oder fallen auch andere Dinge darunter?

Ich verstehe jedenfalls viel mehr darunter als nur den körperlichen Austausch von Flüssigkeiten. Die Sexualität hat eine viel tiefere Bedeutung. Ich schreibe ihr eine besondere Kraft zu, vielleicht sogar eine heilende, ohne esoterisch oder verrückt klingen zu wollen. Es geht um Energien. Es ist ein Moment des Vertrauens, des Verbindens, des Zum-Ganzen-Werdens. Ein Orgasmus ist schön und gut, doch Sex ist für mich so viel mehr als das. Sex hat meinem Verständnis nach außerdem mehrere Erscheinungsformen. Der anderen Person in die Augen zu schauen. Intime Geschichten miteinander zu teilen. Miteinander zu weinen, zu lachen, zu fluchen und zu schweigen. Oder für den geliebten Menschen einen ganz besonderen Moment vorzubereiten. Vermutlich stellen diese Beispiele laut medizinischer Definition keine sexuelle Handlung dar. Doch zum Glück bin ich kein Arzt, sondern Poet. All diese Dinge geben dem Sex überhaupt erst seine Bedeutung, deren Auswirkung schon lange vor und lange nach dem tatsächlichen sexuellen Akt weiterlebt. Dieser Moment muss nicht unbedingt in einer tiefgehenden Partnerschaft entstehen. Auch die schnelle Nummer oder das einmalige Treffen beim Blind Date, das im Bett endet, kann diese Euphorie mit sich bringen, solange es mit Wertschätzung passiert.

Wichtig bei der Definition der eigenen Sexualität ist auch das Aufstellen von Grenzen. Jeder Mensch hat andere Vorlieben, jeder Mensch liebt auf eine andere Art und Weise. Das ist auch gut so, allerdings müssen wir auch die Grenzen unseres Gegenübers akzeptieren und verstehen. Einerseits dürfen wir uns nicht selbst zu Dingen drängen lassen, mit denen wir uns nicht wohlfühlen. Andererseits dürfen wir auch niemals andere Menschen zu etwas überreden, was sie eigentlich gar nicht wollen. Denn es gibt eine feine Linie zwischen gemeinsamem Spaß und Grenzüberschreitungen. Dass es leider viel zu häufig zu diesen Grenzüberschreitungen kommt, konnte ich sowohl in Syrien als auch in Österreich beobachten.

Das Phänomen der alten Männer

Ich bin generell ein offener, kontaktfreudiger Mensch. Ich umarme gerne Menschen, die mir bei unserer Begegnung ein gutes Gefühl geben, ich glaube, das habe ich von meiner Mutter geerbt. Dennoch weiß ich die körperliche Distanz zu wahren und die Grenzen meines Gegenübers zu respektieren. Leider scheinen viele Menschen Schwierigkeiten damit zu haben, insbesondere manche ältere Männer.

In Interviews, die ich mit mehreren Frauen geführt habe, wurde dieses Phänomen so oft beklagt, dass ich beschlossen habe, es in meinem Buch zu beschreiben. Auch ich konnte diese fragwürdige Verhaltensweise des Öfteren beobachten. Ich nenne es »das Phänomen der alten Männer«.

Scheinbar vertreten manche Männer im höheren Alter die Annahme, sie dürften sich mehr erlauben als der

Rest der Welt. Sie denken, sie haben das Recht, Frauen, vor allem jungen Frauen, näherzukommen, als eben- jenen Damen recht ist. Die Sorte Mann, die unter jene Spezies fällt, ist meistens mindestens fünfzig Jahre alt. Nach oben hin gibt es keine Grenzen. Oft wirken sie harmlos, haben sehr schlechten Humor, sind allerdings gut gekleidet und meistens nicht schlecht situiert. Pir- schen sie sich an ein Opfer heran, welches im Regelfall etwa dreißig Jahre jünger ist, beginnen sie ihren Angriff mit einem geschmacklosen Kommentar über das Aus- sehen der jungen Dame. Es folgt ein unangenehm in- tensiver Blick, gekrönt von einem Schulterklopfer oder einer anderen Berührung, die der Frau unangenehm ist. Bleibt es bei der Schulter, kann sie sich oft noch glück- lich schätzen.

Oft passieren diese unangenehmen Annäherungen in Arbeitsverhältnissen oder bei öffentlichen Veran- staltungen. Diese Männer strahlen oft Macht aus, sie kennen viele Menschen, haben Geld oder sind in Füh- rungspositionen, weshalb es den Frauen oft schwerfällt, etwas dagegen zu sagen oder sich zu wehren. Solange die Berührungen bei der Schulter bleiben, ist in den Au- gen der Männer ja auch alles im Rahmen. Egal wie ungut die Blicke oder wie geschmacklos die inkludierten Kom- mentare auch sind.

Leider habe ich bereits von viel zu vielen Frauen von solchen Erfahrungen gehört.

Die Grenzen von Frauen werden oft missachtet. Män- ner jeder Bildungsschicht und jedes sozialen Status wissen sich nicht korrekt zu verhalten. Das Phänomen der alten Männer kann sowohl am Opernball als auch im Beisl beobachtet werden. Auch ich als Mann wurde bereits belästigt. Jemand hielt mich aufgrund meiner lockigen Haarpracht für eine Frau. Der Herr sah mich auf der Tanzfläche der Diskothek nur von hinten meine Hüften schwingen und konnte sich nicht zurückhalten, mein Anblick machte ihn wohl verrückt. Er wurde übergriffig. Denn plötzlich spürte ich eine Hand auf meinem Gesäß. Ohne Vorwarnung, ohne davor auch nur ein Wort mit ihm gewechselt zu haben. Ich glaube, sein Schock, als ich mich umdrehte, war mindestens so groß wie mein Schock, als ich eine fremde Hand auf meinem Gesäß spürte.

Egal ob Mann oder Frau, jeder von uns hat das Recht auf seinen eigenen Körper und seine eigenen Grenzen. Diese werden leider von manchen Menschen überschritten, oft von Männern, aber auch Frauen wissen manchmal nicht, wo die Grenze des Gegenübers liegt. Auch wenn das Phänomen der alten Männer oft heruntergespielt wird und auch wenn ungute Berührungen in Diskotheken oft ohne Konsequenzen bleiben, heißt das nicht, dass diese Erfahrungen keine Schäden bei den Opfern hinterlassen. Unerlaubte körperliche Annäherungen können viel in Menschen auslösen. Ich hoffe, das Phänomen der alten Männer stirbt gänzlich mit dem Ableben dieser Männer aus. Ich würde es mir zumindest wünschen.

»Sexmann, oder?«

Ich spazierte gerade mit einer Freundin durch Graz. Wir blieben am Hauptplatz stehen und sahen eine ältere Dame, mindestens achtzig Jahre alt, mit gebücktem Gang und langsamem Schritt über die Gleise der Straßenbahn am Hauptplatz spazieren.

Da sie etwas wackelig unterwegs war, bot ich ihr meinen Arm an, um sie über die Schienen zu geleiten. Als wir am Gehsteig angekommen waren, musterte sie mich von Kopf bis Fuß, schaute dann meiner Freundin verschmitzt in die Augen und sagte zu ihr: »Das ist ein richtiger Sexmann, oder?« Wir sahen einander erstaunt an und begannen laut zu lachen.

Die ältere Dame meinte es letztlich nur gut, sie stammelte Komplimente vor sich hin und lachte herzlich. Sie meinte wohl, ich sei sexy. Anschließend erzählte sie uns von ihrem inzwischen verstorbenen Ehemann, den sie sehr vermisste und dessen Schwarz-Weiß-Foto sie tagtäglich in ihrer Geldbörse mittrug. Stolz zeigte sie uns das Bild des gutaussehenden Mannes. Er musste vermutlich auch ein Sexmann gewesen sein, so wie sie von ihm schwärmte. Wir standen noch eine Weile beisammen und plauderten. Sie war eine sehr freundliche und strahlende Dame, die bestimmt schon einiges erlebt hatte.

Von ihr würde ich mich immer wieder gerne als Sexmann betiteln lassen. Wenn ich ehrlich bin, überlegte ich damals sogar kurz, den Titel auf meine Visitenkarten zu übernehmen: Omar Khir Alanam, Bestsellerautor, Speaker, Kabarettist und … Sexmann. Klingt doch gut, oder? Welche Anfragen ich dann wohl per Mail bekäme?

Im Nachhinein stellte ich mir die Frage, was wohl die Reaktion gewesen wäre, wäre die Situation andersherum gewesen. Was, wenn ein älterer Mann zu einer jungen Frau sagen würde: »Du bist eine richtige Sexfrau«? Denn obwohl mich diese Situation auch heute noch zum Schmunzeln bringt und ich sie nicht als ungut empfunden habe, kann ich gut verstehen, dass sie für andere Personen sehr unangenehm sein könnte. Auch wenn Frauen häufiger von sexueller Belästigung betroffen sind, so kommt es auch vor, dass Männer solche Erfahrungen machen. Oftmals fehlt bei dieser Thematik allerdings die Ernsthaftigkeit und die Empathie. »Freue dich doch, dass sie deinen Arsch berührt hat«, würden Freunde ihrem Kumpel womöglich auf dessen Beschwerde antworten. Grenzen, sowohl körperliche als auch emotionale, sind aber bei jedem Menschen, egal welchen Geschlechts, einzuhalten und zu respektieren.

Gspusi oder One-Night-Stand?

One-Night-Stands, also eine einmalige Nacht mit einer fremden Person, die vermutlich nicht wiederholt wird, sind oft das Ziel oder das Ergebnis einer wilden Partynacht. Wer genügend Mutbier getrunken hat, kennt keine Hemmungen mehr und wacht dann vielleicht am nächsten Morgen neben einem unbekannten Bettnachbarn auf. Manchmal zum eigenen Leidwesen, denn die Bekanntschaft der letzten Nacht entpuppt sich im Tageslicht dann als doch nicht so bezaubernd. Ich machte diese Erfahrung einmal und stellte fest, dass diese Art des Zusammenkommens nicht unbedingt meins ist. Ich finde One-Night-Stands unpersönlich. Nach einmaliger Erfahrung wusste ich, es besteht kein Wiederholungsbedarf meinerseits. Ich treffe meine Date- und Bettpartnerinnen lieber mehr als nur einmal und das auch gerne nüchtern und bei Tageslicht.

»Du bist mein Gspusi, Omar, gell?«, fragte mich einst Sarah, von der ich bereits erzählt habe. Sie fragte mit einem Lächeln im Gesicht, mit einer heiteren Stimme, doch ich war schockiert. Ich dachte, sie beleidigt mich. »Bin ich eine Hure oder was?«, erwiderte ich leicht gekränkt und von ihren Worten verwirrt. Ich verstand die Welt nicht mehr. Doch dann erklärte sie mir, was ein Gspusi ist. Dass es keine Beleidigung, sondern ein süßes Dialektwort für eine liebevolle, aber körperliche Beziehung sei, so etwas wie Freundschaft plus. Also keine fixe Beziehung, aber mehr als eine Freundschaft. Ein Gspusi eben. Auch wenn ich dieses Wort bis heute nicht korrekt aussprechen kann, finde ich es doch entzückend. Es klingt süß, positiv und irgendwie gefühlvoll. Und um einiges ansprechender als Affäre oder Sexfreund.

Im Arabischen gibt es leider kein so nettes Wort für die Bezeichnung einer lockeren Beziehung, die freundschaftliche, positive Gefühle mit einer körperlichen Ebene vereint. Das einzige Wort, welches einem Gspusi gleichzusetzen sein könnte, ist *sahepti*, was so viel wie Sexfreundin bedeutet, allerdings im Vergleich zu dem österreichischen Kosewort eher negativ behaftet ist. Wäre ich in Syrien mit einer Frau unterwegs gewesen, hätte ich sie auf Arabisch niemals so vorgestellt, es wäre beleidigend. Denn gesellschaftlich gesehen kann es auch gar kein positives, süßes oder lustiges Wort für eine lockere körperliche Beziehung geben, denn solche Übereinkünfte werden von der Allgemeinheit nicht akzeptiert und eben als *haram* angesehen.

Nenne ich mein Gegenüber in Österreich Gspusi, heißt das nicht, dass ich impliziere, er oder sie würde automatisch mit jedem Mann oder jeder Frau ins Bett steigen. *Sahepti* würde das allerdings schon implizieren. Der Libanon ist eines der wenigen arabischen, vielleicht sogar das einzige arabische Land, welches diese Art von Beziehungen toleriert und in welchem es auch ein Wort dafür gibt. Im Libanon sagen sie *musakana*, wir haben ein Gspusi zusammen. Das kann heißen, dass sie zusammenleben, also gemeinsam wohnen, aber nicht verheiratet oder offiziell in einer Beziehung sind. Im Libanon wird offener damit umgegangen, offener darüber gesprochen, auch in den großen Städten anderer arabischer Länder ist es nicht allzu streng. Im ländlichen Bereich wäre ein Gspusi aber weitgehend inakzeptabel.

Das Wort Gspusi, finde zumindest ich, reduziert nicht rein auf eine sexuelle Ebene. Gspusi beinhaltet Freundschaft, positive Gefühle und diesen gewissen Hauch von österreichischem Schmäh.

Was ist dein Body Count?

Ach ja, die Österreicher reden zwar nicht so gerne über Sex, aber scheinbar sind hier viele Menschen daran interessiert, mit wie vielen Personen ihr Gegenüber bereits intim geworden ist. Sie sind da teilweise fast schon so neugierig wie die Araber, wenn es um die Jungfräulichkeit geht.

»Was ist dein Body Count?«, auch diese Frage verwirrte mich, als ich sie zum ersten Mal hörte. »Body Count ...? Was soll das sein?«, dachte ich mir, nachdem mich eines meiner ersten Gspusis in Österreich fragend, fast schon ungeduldig ansah. »Na mit wie vielen Frauen hattest du schon Sex, Omar?«, klärte sie mit ernster werdender Stimme auf. »Ach soooo«, jetzt machte es Sinn. Eine genaue Antwort konnte und wollte ich ihr allerdings in diesem Moment nicht geben.

Früher fiel es mir sehr schwer, über meine Sexualität zu sprechen. In Syrien war es ein Tabu, wie ich mich nach meiner ersten Selbstberührung fühlte, habe ich ja bereits erläutert. Ähnliche Schamgefühle entstanden bei mir ebenso, wenn es um Intimität mit Frauen ging. Auch in Österreich angekommen, fiel es mir zunächst schwer, mit der vermeintlichen Offenheit der hier lebenden Menschen umzugehen. Mit der Mutter meines Kindes konnte ich kaum über vergangene Erfahrungen, Sexualität und Intimität sprechen. Nicht etwa, weil ich ihr nicht vertraute oder sie nicht liebte, nicht weil ich ihr etwas verheimlichen wollte, sondern weil es mir aufgrund meiner Herkunft, meiner Erziehung und meiner Kultur schwerfiel.

Mittlerweile habe ich da keine Hemmungen mehr. Ich war schon immer offen, nun bin ich es auch, was meine Sexualität betrifft. Ich kann sowohl mit Frauen als auch mit Männern über meine Erfahrungen sprechen, kann mittlerweile sogar unangenehme, intime und persönliche Details mit anderen Menschen teilen. Und nun schreibe ich sogar ein ganzes Buch darüber! Denn ich finde, Sexualität darf kein Tabuthema sein, egal in welchem Kontext. Doch diese eine Frage stößt mir trotzdem negativ auf. Nämlich jene, die mir eben auch eines meiner ersten Gspusis stellte und die mir auch in weiterer Zukunft von Partnerinnen und Bekanntschaften gestellt werden sollte.

»Wie viele Sexualpartner hattest du bereits?«

In Syrien würden die meisten unverheirateten Frauen diese Frage mit »null« beantworten, auch wenn es vielleicht eine Lüge ist, um richtenden Blicken und Urteilen aus dem Weg zu gehen. Ein Mann würde vermutlich auch lügen, wobei so ein Gespräch auch nur selten in unserer Kultur aufkommt. In Österreich sieht es etwas anders aus, die Menschen sprechen hier ab einem gewissen Alter relativ offen über die ungefähre Zahl ihrer Sexualpartner. Eine Freundin erklärte mir einmal folgende Regel, um den Body Count des Gegenübers richtig berechnen zu können: Wenn dir ein Mann die Anzahl seiner Sexualpartnerinnen sagt, musst du diese Zahl halbieren, um auf die tatsächliche Zahl zu kommen. Die Anzahl der Sexualpartner, die eine Frau dir mitteilt, solltest du eher verdoppeln. Mathe war ja nie meine Stärke, aber diese Formel ist irgendwie leichter zu merken als der Satz des Pythagoras. Ich persönlich finde die genaue Summe allerdings total belanglos.

Ich erzähle gerne von wilden Geschichten, ehrlichen Erfahrungen und Vorlieben. Denn diese Dinge prägen mich. Die Frage nach dem Body Count, was wortwörtlich übersetzt »Körperzahl« heißt, hat oft einen urteilenden Beigeschmack. Ist die als Antwort gegebene Zahl zu hoch, gilt der Antwortende als freizügig und umtriebig, ist die Zahl zu niedrig, gilt er als unerfahren und prüde. Für mich hat Sex nichts mit Zahlen oder Statistiken zu tun. Ich realisierte nach und nach, dass es mir schwerfällt, meine Sexualpartnerinnen aufzuzählen, weil sie eben für mich keine Zahlen, sondern Menschen, Erfahrungen, Energien und Erinnerung sind. Waren es nun zwanzig oder fünf? Das spielt für mich keine Rolle. Jede Erfahrung ist nämlich mit Wertschätzung und Emotionen und keinem Kalendereintrag oder numerischen Aufzählungen in Verbindung zu setzen. Manche Erfahrungen waren positiver, andere hätte ich mir im Nachhinein vielleicht ersparen können, dennoch waren es Erfahrungen, die mich zu dem Omar machen, der ich heute bin.

Niemand ist gleich.

In Beziehungen, egal ob das nun ein Gspusi, eine Partnerschaft oder eine Ehe ist, darf nie erwartet werden, dass das Gegenüber genau dieselben Erfahrungen im gleichen Ausmaß gemacht hat. Es darf nicht verglichen werden. Denn nur weil eine Person in einem Lebensbereich mehr Erfahrung hat, heißt das noch lange nicht, dass in der Beziehung ein Ungleichgewicht besteht.

Gefühle und Erfahrungen dürfen
nicht pauschalisiert werden.

Ich habe beispielsweise das Bedürfnis, Baklava zu essen. Ich liebe Süßspeisen und könnte mich in dem in Honig getränkten Gebäck eingraben. In einer Beziehung geben wir uns gegenseitig das Recht, Baklava zu essen, wenn es uns denn schmeckt, ich erwarte aber auch nicht von dir, Baklava zu essen, wenn du lieber eine Schnitzelsemmel isst, weil du es herzhaft und salzig magst. Gleichzeitig erwarte ich von dir, dass du nicht von mir erwartest, keine Baklava zu essen. Verstanden? Gleiche Rechte für beide also, aber auch keine Zwänge oder Urteile. So sollten Beziehungen, vor allem auch jene, die auf sexueller Ebene stattfinden, funktionieren.

Nur weil ich meiner Partnerin keine genaue Zahl nennen will oder kann, bedeutet das keineswegs, dass ich ihr etwas verheimlichen möchte oder dass es sich bei dieser Zahl um eine für sie schockierende Summe handelt. Es bedeutet lediglich, dass ich meine Sexualpartnerinnen nicht als Nummern, sondern als Erfahrungen ansehe. Wer mit wie vielen Menschen intim geworden ist, ist mir eigentlich egal, was zählt, ist die Wertschätzung und das, was wir aus diesen Erfahrungen mitgenommen haben.

Wilde Geschichten gibt's auf der ganzen Welt

Ob nun die Österreicher oder die Syrer wildere Bettgeschichten zu erzählen haben, lässt sich nicht so genau sagen. So verrückt, wie es mir oft erzählt wurde, sind die Europäer jedenfalls nicht, zumindest nicht, wenn ich sie mit mir selbst vergleiche. Ruhige, brave und zurückhaltende Menschen gibt es überall, genauso wie jene, die etwas aus der Reihe tanzen. Wichtig ist letzten Endes nur, sich selbst und seine Mitmenschen mit Respekt zu behandeln und Grenzen aufzuzeigen sowie einzuhalten.

Während es in Österreich Sex-Positive-Partys, Swingerclubs und andere Plätze und Feste gibt, auf denen die Sexualität offen ausgelebt werden kann, wird dieser Aspekt des Lebens in Syrien weitgehend hinter verschlossen Türen ausgelebt. Auch dort gibt es Orte wie das Kabarett oder die Kellerbar und den Spermaberg, von denen die Leute wissen, über die aber nicht offen gesprochen wird. Diese Orte haben nämlich keinen guten Ruf. In Österreich sieht das heutzutage, vor allem bei der Jugend, anders aus. Eine schöne Entwicklung, wie ich finde. Mit offener Kommunikation, Aufklärungsgesprächen und Medienbildung, vor allem, was sexuelle Inhalte im Internet betrifft, schaffen wir es hoffentlich in der Zukunft, Kinder und Jugendliche auf eine gesunde Art und Weise mit dieser Materie und ihrem eigenen Körper vertraut zu machen. Niemand sollte sich für seine Sexualität schämen müssen oder gar Angst davor haben, in der Hölle zu verenden. Niemand sollte sich gezwungen fühlen, seine Sexualität verfrüht auszuleben, nur um sich nicht ausgeschlossen zu fühlen und mitreden zu können. Jeder Mensch ist anders. Jede Sexualität ist anders. Wir sollten auf unsere eigenen Bedürfnisse hören und dazu stehen.

MONOGAMIE VS. POLYGAMIE

Er, der seine Frau belügt

اللي بيكذب على مرتو

Fares Karam

Er, der seine Frau belügt,
und seine Affäre steht neben ihm.
Er sagte, er habe viel Arbeit.
Er wird nicht früher fertig sein.
Und sein Freund liegt im Krankenhaus
und es geht ihm nicht gut.
Und der Reifen ist platt
und die Energie ist ausgeschöpft.
Jeder Tag ist eine neue Ausrede
und er sagt, es sei ein Zufall.
Er möchte zu spät kommen, oder?
Er belügt seine Frau.
Und er kommt von einer langen Nacht zurück
und vergisst den Lippenstift auf seiner Wange.
Und seine Frau macht sich hübsch,
aber er verschiebt sie auf morgen.
Und er sagt ihr, dass er schläfrig sei, weil er müde ist.
Überall in seiner Kleidung riecht es nach Frauen.
Und er tut so, als würde er schlafen,
obwohl er bei Bewusstsein ist.

Ein syrischer Tiktoker teilte vor nicht allzu langer Zeit ein amüsantes Video auf seinem Kanal. Er lebt in Deutschland und zu der Zeit, als er das Video veröffentlichte, war er seit etwa einem halben Jahr, vielleicht auch etwas länger, mit seiner Freundin zusammen. Auch sie ist Syrerin. Ihre Reise als Paar konnten seine Zuseher bereits im Vorfeld mitverfolgen: Ursprünglich waren die beiden Arbeitskollegen, später Freunde, bis es dann irgendwann funkte. Eine herzerwärmende *Love Story.*

Eines Tages brodelte die Romantik in ihm und er plante eine spektakuläre Aktion. Manche würden sein Vorhaben schon fast als kitschig bezeichnen, andere würden dahinschmelzen. Der Wahlberliner machte sich auf zum Alexanderplatz. Einem Platz, an dem täglich unzählige Menschen unterwegs sind, was perfekt zu seinem Vorhaben passte, denn er wollte, dass so viele Menschen wie möglich an seinem Glück teilhaben. Deswegen hielt er auch alles mit seinem Smartphone fest. Er breitete einen monströsen roten Teppich mitten auf einem der größten Plätze Berlins aus, rundherum Menschen, Kameras, Musik und unzählige Rosen. In der Mitte des Teppichs befand sich ein Stuhl, auf dem die unwissende Freundin mit einer Augenbinde Platz nehmen musste. Zu allem Überfluss hatte der Influencer auch noch einen Maler beauftragt, der die Szenerie auf einer Leinwand mit Pinsel und Farbe festhalten sollte. Viel mehr Kitsch geht nicht, nicht einmal Hollywood schreibt solche Drehbücher. Als der Maler fertig war, durfte die Dame aufstehen. Begleitet von einer führenden Hand musste sie nun wenige Schritte nach vorne treten, wo sie auf ihren Partner traf. Sie nahm die Augenbinde ab und in dem Moment, in dem sie wieder sehen konnte, warf sich der Tiktoker auf die Knie. Er öffnete die Ringschatulle, blickte seiner Angebeteten tief in die Augen und setzte zur alles entscheidenden Frage an. Die Menschen rundherum waren gerührt und von der Romantik verzaubert. Gespannt erwartete das Publikum, wie auch der verliebte Tiktoker, die Antwort der überrumpelten Dame. Die Menge hielt den Atem an. Plötzlich setzte sie nicht zum erhofften »Ja, ich will« oder zum Kuss, der die Verlobung besiegeln sollte, an, sondern sie drehte sich um und lief ohne weiteren Kommentar davon. Das Publikum war schockiert, Mitgefühl machte sich breit und der Mann, der gerade den wohl opulentesten Antrag Berlins gemacht hatte, wusste nicht, wie ihm geschieht.

Ein paar Tage später meldete sich nun die Frau zu Wort, die nach diesem Übermaß an Romantik die Flucht ergriffen hatte. Sie war gemeinsam mit ihrem Partner, dem Antragsteller, zu sehen und die beiden schienen glücklich. Doch warum war sie weggelaufen? Das erklärte sie in ihrem Video: »Ich musste die Flucht ergreifen, denn ich wusste, dass er noch nicht mit meinem Vater gesprochen und bei ihm um meine Hand angehalten hatte«, so ihre Erklärung. »Was glaubt er, was ich für eine Frau bin? Ich bin Araberin, er hätte eben fragen müssen. Egal wie romantisch der Antrag auch war, annehmen konnte ich ihn keinesfalls.« Sie erklärten weiter, dass der Vater schon bald eingeweiht und um Erlaubnis gefragt worden war. Kurz darauf verlobten sich die beiden. Diesmal mit dem Segen des Vaters. Ein *Happy End*, trotz Hürden.

Die Ehe ist Familiensache

Um die Hand einer Frau anzuhalten, ohne zuvor Baba, oder einen anderen *Walie al-Amr*, also den »Verantwortlichen für die Frau«, der ausschließlich männlich ist, zu konsultieren, ist in Syrien und auch in anderen arabischen, oder islamischen Ländern, nicht möglich. Generell ist die Ehe und auch die Partnersuche, wie es ja auch bei meinen Eltern der Fall war, in vielen syrischen Gesellschaften Familienangelegenheit.

Das Kennenlernen, das Zusammenkommen und auch das Verloben wird neben den eigenen Entscheidungen auch stark von der Familie geprägt. In Syrien engagieren sich oft die Familien, vor allem die Mütter, zwei junge Menschen zusammenzubringen. Es ist daher wichtig, dass Mütter und Töchter gemeinsam zu Hochzeiten, Geburten oder anderen großen Festen gehen, um die Söhne anderer Familien kennenzulernen und potenzielle Ehepartner ausfindig zu machen. Die Mutter spielt hier die Rolle der Vermittlerin oder der Verkupplerin. Man könnte die syrischen Mütter also durchaus mit Dating-Apps oder Datingshows vergleichen. Denn beim Einen sucht ein Computer nach einem bestimmten Algorithmus einen Partner für dich aus oder ein Drehbuchautor entscheidet, welches Paar wohl die beste Show darbieten würde. Beim Anderen ist es deine Mutter, die Person, die dich am längsten kennt, die dich bei der Partnersuche unterstützt. Solange sie dabei deine Interessen und nicht ihre eigenen vertritt, klingt das doch eigentlich vielversprechend.

Dennoch glaube ich nicht, dass die Frau, die meine Mutter für mich ausgesucht hätte, mein Interesse geweckt hätte. Jedenfalls wäre sie sehr anders gewesen, als alle Frauen, die ich in der Vergangenheit selbst angesprochen habe. Andererseits haben meine vergangenen Beziehungen ja auch nicht so wirklich funktioniert, also ...

»Am Ende gehst du zum Haus deines Mannes.«

Dieses Sprichwort wird gerne in Familien an die jüngeren Frauen und Mädchen weitergegeben. Es spiegelt das traditionelle Frauenbild der gesellschaftlichen Vorstellung wider. Warum studieren oder arbeiten gehen, wenn du schlussendlich sowieso zum Haus deines Mannes gehst? Die Ehe wird in Syrien, aber wie ich es wahrnehme auch in Österreich, in vielen Kreisen weiterhin als der heilige Gral angesehen. Für viele ist sie ein Lebensziel, in das oft die gesamte Familie involviert ist. Doch trifft die traditionelle, monogame Ehe noch den heutigen Zeitgeist? Wie ist das in der arabischen Kultur mit den vier erlaubten Ehefrauen? Und was genau sind polygame Beziehungsmodelle? Auch in Sachen Mono-gamie und Polygamie gibt es kein Schwarz und Weiß, kein Richtig und kein Falsch. Ich bin auf diesem Gebiet kein Experte, aber Erfahrungen und Beobachtungen so-wie das Wissen aus meiner Kultur haben mir einen Über-blick über verschiedenste Beziehungs- und Eheformen geliefert.

Konzeptionelle Ehen

Wie und in welcher Form wir Beziehungen und Ehen führen, wird uns schon seit jeher von Geistlichen und Religionen vorgegeben. Vor über 1.400 Jahren, als Mo-hammed seine Prophezeiung bekannt gab, wurde bereits über Ehekonzepte gesprochen. Der Islam entwickelte sich in der Folge aus jener Prophezeiung und mit ihm die Annahme oder der Glaube, ein Mann könne sich mit mehreren Frauen verehelichen. Dieses Phänomen, dass vor allem der Mann die Machtposition beansprucht und ihm mehr Rechte als der Frau eingeräumt werden, war nicht nur auf der arabischen Halbinsel, sondern auf der gesamten Welt verbreitet.

Die meisten Religionen sind ausnahmslos männlich geprägt. Propheten, Götter, jene, die uns vorzuschreiben versuchen, wie wir zu leben haben, sind, zumindest in den abrahamitischen Religionen, ausschließlich männ-lich. Kein Wunder also, dass gewisse Modelle ganz im Sinne des Mannes gestaltet sind.

Währenddessen beharrt das Christentum, damals wie heute, auf dem ehelichen Bund zwischen zwei Menschen, Mann und Frau, »bis dass der Tod euch scheidet«.

Die vier Frauen

Sprechen wir von polygamen Ehen im arabischen Raum, müssen wir unbedingt zwischen gesellschaftlichen und gesetzlichen Rahmenbedingungen unterscheiden.

Laut islamischer Rechtsauffassung ist es einem Mann erlaubt, einen Ehebund mit bis zu vier Frauen einzugehen. Eine Frau darf hingegen lediglich mit einem Mann verheiratet sein.

> *»Und wenn ihr fürchtet, in Sachen der (eurer Obhut anvertrauten weiblichen) Waisen nicht recht zu tun, dann heiratet, was euch an Frauen gut ansteht, (ein jeder) zwei, drei oder vier. Und wenn ihr fürchtet, (so viele) nicht gerecht zu behandeln, dann (nur) eine, oder was ihr (an Sklavinnen) besitzt! So könnt ihr am ehesten vermeiden, Unrecht zu tun.«*

– Sure 4, Vers 3 des Koran
(Übersetzung nach Rudi Paret)

Die Ehe mit mehreren Partnerinnen ist allerdings auch mit vielen Anforderungen verbunden. So muss der Mann alle seine Frauen, die sich untereinander als »Mitfrauen« bezeichnen, gleich behandeln. Mehrere Frauen bedeuten mehrere Familien, die meistens in unterschiedlichen Haushalten leben. Der Mann muss darauf achten, allen Frauen und Familien die gleiche Aufmerksamkeit zukommen zu lassen, finanziell, emotional und zeitlich. Doch wer kontrolliert diese Gerechtigkeit? Natürlich der Mann selbst. Er ist der Machthabende in diesem Modell, er hat mehr Rechte und bestimmt über Richtig oder Falsch. Die Frauen dienen im Modell des Mannes lediglich.

>>Wer zwei Frauen hatte und sie nicht gleichgerecht behandelte, der kommt am Tag der Auferstehung mit einer lahmen Hälfte.<<

- Prophet Mohammed,
im 7. Jahrhundert nach Christus

Wenn wir denken, unsere monogamen Beziehungen stressen uns, dann stell dir einmal vor, wie viel Konfliktpotenzial bei mehreren Partnerinnen mit wahrscheinlich sogar mehreren Kindern vorprogrammiert ist.

Damit der Mann den Überblick behält – bei mehreren Frauen mit mehreren Kindern kann da schnell etwas durcheinanderkommen –, gibt es das Familienheft. Das ist eine praktische Angelegenheit für all jene Männer, die sich einen Überblick über ihre familiären Konstellationen verschaffen wollen. In der ersten Spalte steht der Name des Mannes, dann kommt die erste Frau, auf der nächsten Seite die zweite und so weiter. Die Kinder werden der dazugehörigen Frau zugeordnet, und so kann keine Verwirrung mehr entstehen.

Die islamische Ehe mit bis zu vier Frauen ist weltweit bekannt. Das Klischee oder Vorurteil entspricht tatsächlich der Realität, wenn wir nur die gesetzliche Lage in manchen arabischen Ländern betrachten. Gesellschaftlich ist dieses Modell allerdings in vielen islamischen Ländern und Kulturen mittlerweile veraltet und wenig toleriert. In Tunesien und in der Türkei ist die Polygamie sogar verboten, auch wenn dieses Gesetz in der Türkei wie auch in Europa durch religiöse Eheschließungen umgangen wird. Andere Länder wiederum schränken das Mehrehe-Recht ein, indem sie gesetzliche Gleichberechtigungsansprüche stellen. Ein Mann muss also nachweisbar in der Lage sein, einer jeden Frau eine Wohnung zur Verfügung zu stellen und auch mögliche Kinder zu versorgen. Gesellschaftliche Vorstellungen und Normen schränken die polygame Ehe in vielen arabischen Ländern noch weiter ein. In Syrien wird über einen Mann mit mehreren Frauen schlecht gesprochen. Der Finger wird richtend auf ihn gezeigt und er wird in vielen Fällen verurteilt.

Ist die Mehrfrauenehe erlaubt oder strenggläubig gesehen sogar bevorzugt? Dazu gibt es verschiedene Meinungen. Die einen meinen, die Ehe mit mehreren Frauen sei erlaubt, aber nicht gefordert. Der Ursprung der Ehe liege in der Monogamie. Alles was darüber hinausgeht, wird akzeptiert. Andere Muftis und Imame meinen, der Ursprung der Ehe liege in der Polygamie, zumindest für den Mann. Je nach Interpretation des Glaubens und des Koran gibt es hier verschiedene Ansichten.

> *»Es gibt mehr Frauen als Männer auf dieser Welt.*
> *Um alle glücklich zu machen, müssen wir uns mehrere*
> *Frauen zur Ehegattin nehmen.«*

Den Erklärungsversuchen und Rechtfertigungen von Männern liegen teilweise religiöse Interpretationen, manchmal auch lediglich der Sachverhalt, dass es mehr Frauen als Männer auf dieser Welt gibt, zu Grunde.

Die Meinungen, was die Ehe mit bis zu maximal vier Frauen angeht, gehen im arabischen Raum jedenfalls drastisch auseinander. Während diese Eheform bei Schiiten und Sunniten noch weitverbreitet ist und als etwas Positives angesehen wird, ist es für andere wiederum eine veraltete Form der Beziehung, vor allem, weil sie nur für den Mann eine polygame Lebensweise ermöglicht und die Frau nicht die gleichen Rechte hat. Ob die Mehrehe dem klassischen Konzept der monogamen Ehe voraus oder hinterher ist, darüber lässt sich diskutieren.

Die befristete Heirat

Grundsätzlich ist die islamische Ehe auf Dauer, also auf die Ewigkeit, angelegt. Eine Scheidung gilt als gesellschaftlich verwerflich. Nach schiitischer Auffassung gibt es allerdings auch die Möglichkeit einer sogenannten »Mut'a-Ehe«, einer Ehe auf Zeit, die wortwörtlich übersetzt so etwas wie »Ehe des Genusses« bedeutet.

Die vorübergehende Heirat beruht oftmals auf körperlichen Begierden. Stell dir vor, wir treffen uns auf der Straße, kommen ins Gespräch und spüren sogleich, dass die Chemie zwischen uns stimmt. Um einander besser kennenlernen zu dürfen und vielleicht sogar intim zu werden, beschließen wir, für zwei Tage zu heiraten. Nun ist die körperliche Annäherung nicht mehr *haram*. Super! Problem gelöst! Denn sind wir verheiratet, sind uns als Ehepaar keine Grenzen gesetzt. Und wenn uns ganze zwei Tage für unsere Ehe zu lang sind, dann können wir auch nur für drei Stunden heiraten. Quasi ein vertraglicher One-Night-Stand.

Der zeitgebundene Ehevertrag gehört nach muslimischer Zuordnung tatsächlich zur Gruppe der Miet- und Pachtverträge. Die Ehe kann für einen bestimmten Zeitraum, für einige Stunden, Tage oder Wochen geschlossen werden und endet dann nach Ablauf der vereinbarten Zeit automatisch. Auch die Vereinbarung einer gewissen Anzahl an sexuellen Begegnungen, mindestens jedoch einer, ist möglich.

Tatsächlich könnte die Ehe auf Zeit also als sexuelle Vereinbarung angesehen werden. Ein Mann und eine Frau lassen sich auf die Ehe ein, nur um ein paar schöne Stunden miteinander zu erleben. Schon irgendwie erstaunlich, oder? Andererseits scheint dieses Modell in der Vergangenheit gut funktioniert zu haben. Die Ehe endet automatisch, die Frau erhält eine Mitgift oder einen Geldbetrag und der Mann erfreut sich ein paar schöner Tage oder Stunden, ohne uneheliche Sünden zu begehen. Etwas fragwürdig ist dieses Konzept der Ehe mit Sicherheit. Manche sunnitische Korangelehrte gehen sogar so weit, die Ehe auf Zeit als Legitimation der Prostitution zu betrachten. Solange beide Parteien allerdings damit einverstanden sind und einen Mehrwert aus der Vertragsschließung ziehen, sehe ich grundsätzlich kein Problem dabei. Ich würde diese »Genussehe« allerdings unter den Begriff »Scheinheiligkeit« einordnen. Menschen erschaffen Gesetze und Normen, nur um dann Möglichkeiten zu finden, sie zu umgehen. Das gibt ein Minus für Ehrlichkeit, aber ein großes Plus mit Sternchen für die Kreativität.

Die monogame Ehe

Und dann gibt es ja noch das klassische Ehemodell. Die monogame Ehe.

Zwei Liebende vereinen sich, entweder vor Gott oder vor einem Gericht, und schließen einen ewigen Bund. Einen Bund, der nur diese beiden Menschen umfasst. Einen Bund, der in der Regel keinen Platz für andere Beziehungen lässt.

Vater, Mutter, Kind. So kennen wir es. So wird es uns bereits von klein auf beigebracht. Das sei das Richtige, das Ehrenvolle, die gesellschaftliche Norm. Doch auch dieses Modell hat seine Schwachstellen und bringt einige Probleme mit sich.

Die monogame Ehe ist sowohl in der syrischen als auch in der österreichischen Kultur das am häufigsten gelebte Ehemodell. Egal ob kirchlich, vor einem Imam oder nur am Standesamt, die Grundprinzipien sind die gleichen. Wir schwören einander ewige Treue. Nur leider wird diese nicht immer so hochgehalten wie in den Hochzeitsreden lang und breit versprochen.

>*Ja weißt du, also in Österreich, hier kannst du von mir aus auch drei Freundinnen haben. Sie dürfen nur nicht voneinander wissen.*<

Diesen Ratschlag gab mir einmal ein österreichischer Bekannter mit auf den Weg. So wie er es vermittelte, klang es fast schon nach einer Lebensweisheit. Er selbst lebte in einer monogamen Ehe und war Vater zweier Töchter. Mehr Einblick hatte ich nicht in sein Privatleben, doch der Vortrag über die »Monogamie« der Österreicher schien ihm ein Anliegen zu sein. Solange die Partnerin nichts von den Affären wisse, sehe er kein Problem darin, mehrere Freundinnen zu haben. Das Gespräch fand ich gleichermaßen unterhaltsam wie auch skurril, lebte er doch, zumindest dem Anschein nach, ein ganz anderes Leben. Gleichzeitig zeigt es aber auch die Problematik der monogamen Ehe auf. Ich will nicht behaupten, dass ewige Treue und Liebe unmöglich sind. Ich möchte auch den heiligen Bund der Ehe nicht anzweifeln. Allerdings sind Aussagen wie jene meines Bekannten keine Seltenheit. In den nach außen hin glücklichsten Ehen wird betrogen und belogen, was das Zeug hält. Dabei finde ich Ehrlichkeit und Offenheit doch viel schöner, auch wenn damit ein »Ehebruch« offengelegt wird. Auch ich hatte in der Vergangenheit meine Probleme mit der Ehrlichkeit, denn oft hatte ich das Gefühl, ich müsse mein wahres Ich, meine Gefühle und meine Entscheidungen vor anderen Menschen verstecken, um sie nicht zu verletzen und sie zu »schützen«. Lange Zeit hatte ich auch Angst vor dem Urteil anderer Menschen, vor allem derer, die mir sehr nahestanden. Die, die ich liebte und die, die vorgaben, mich auch zu lieben. Es war ein langer und mühsamer Weg, doch inzwischen habe ich gelernt, zu mir zu stehen, ehrlich und offen zu sein und das, was andere Menschen über mich denken, nicht allzu wichtig zu nehmen.

Gibt es die ewige Treue?

Wie Fares Karam in seinem Liedtext unschwer erkennbar deutlich macht, geht der Betrug in Beziehungen oder Ehen oft mit Lügen und Heimlichtuereien einher.

Als ich jünger war, verstand ich die Schwierigkeiten meiner Eltern oder anderer Ehepaare nicht. Die Mühe, sie mir zu erklären, machten sie sich erst gar nicht. »Wenn du älter bist, dann wirst du es verstehen, Omar«, vertrösteten sie mich. Mittlerweile verstehe ich mehr, worum es geht, habe ich doch selbst schon einige Erfahrungen machen dürfen und müssen. Egal ob in Österreich oder in Syrien, Monogamie wird in weiten Teilen der Welt, wenn es dann um die Umsetzung geht, scheinbar doch nicht so ernst genommen. Männer und Frauen betrügen ihre Partner, egal ob im Urlaub, während der Dienstreise oder während einer wilden Partynacht. In den meisten Fällen werden diese »Ausrutscher« allerdings verschwiegen. Der Ehepartner darf ja nichts davon erfahren, sonst droht die Scheidung.

Kennt nicht jeder von uns zumindest eine Person, einen Ehepartner, einen Freund oder eine Freundin, die das Gegenüber bereits betrogen hat? Ich kenne unzählige Beispiele. Aus meiner Familie, aus den Familien meiner Freunde und Bekannten, sowohl in Syrien als auch in Österreich. Da stellt sich mir die Frage, warum Menschen betrügen. Warum muss es Betrug sein? Und wo fängt Betrug denn überhaupt an? Beim Küssen, bei Intimität oder bereits bei dem Gedanken daran?

Die Treue ist eine schöne Sache, solange sie für beide Seiten funktioniert und freiwillig, aus tiefster Überzeugung aller Beteiligten, gehalten wird. Wird das Vertrauen einer Person jedoch missbraucht, fliegen Lügen auf, so entstehen tiefer Schmerz und Unsicherheiten. Doch kann es nicht auch einen Mittelweg geben? Muss eine Beziehung in ein so enges Korsett gequetscht werden? Oder gibt es Alternativen? Gibt es auch hier tatsächlich ein Richtig und ein Falsch oder können wir uns unsere eigenen Grenzen und Regeln erschaffen, ohne dafür verachtet zu werden oder uns zu schämen?

Die offene Beziehung

Nachdem ich in Österreich angekommen war, beobachtete ich immer wieder Beziehungsmodelle und Konstellationen, die ich anfangs nicht verstand oder die mir zumindest etwas fremd waren. Polygame Beziehungen mit einem Mann und mehreren Frauen kannte ich bereits aus der arabischen Welt, andere Zusammensetzungen waren mir bis dahin jedoch nicht geläufig gewesen. Zwei Männer und eine Frau oder zwei Frauen und zwei Männer sind Beispiele für die Aufteilungen in den scheinbar neuen, polygamen Beziehungen.

Eines Tages lernte ich Lilly kennen. Sie kam aus Deutschland, studierte in Wien und schien sich nicht drastisch von den meisten anderen Menschen, die ich in Österreich kennengelernt hatte, zu unterscheiden. Doch dann erzählte sie mir von ihrem Beziehungsmodell. Sie führte eine Dreiecks-Beziehung mit zwei Männern. Auch wenn sie glücklich wirkte und nichts Verbotenes tat, war es ihr offensichtlich unangenehm, darüber zu sprechen. Es wirkte, als würde sie sich für ihre Art zu lieben schämen. Weder ihr Arbeitsumfeld noch der Großteil ihrer Freunde oder ihrer Familie wussten über ihre Beziehung und ihre Liebeskonstellation Bescheid. In der Vergangenheit hatte sie durch die Offenlegung ihrer Beziehung bereits ein paar Freunde verloren, weswegen sie nun Angst davor hatte, davon zu erzählen.

In Syrien wäre so eine Beziehung gar nicht vorstellbar. Die Angst, die Lilly hat, würde sich dort vermutlich

verdreifachen. Offene Beziehungsmodelle oder poly-
amoröse Partnerschaften, die von der Mehrfrauenehe
abweichen, werden nicht akzeptiert, auch nicht toleriert. Was in Amerika und Teilen Europas bereits gang
und gäbe ist, gilt in vielen Teilen der arabischen Kultur
als Sünde. Offene Beziehungsmodelle werden mit Geschlechtskrankheiten in Verbindung gebracht. Meistens
wird aber gar nicht erst darüber gesprochen. Offene Beziehungen, uneheliche Beziehungen mit mehreren Beteiligten, Gott behüte mit mehreren Männern, darf es
nicht geben, weshalb diese Thematik, wie so viele andere wichtige Themen, totgeschwiegen wird.

Auch hier ist die Frau wieder klar im Nachteil. Während Männer mit mehreren Frauen zumindest akzeptiert werden, so erging es einer Saudi-Araberin, die vor
einigen Jahren nach Kanada zog, deutlich schlechter.
Sie war in einer Beziehung mit zwei Männern und teilte
dies auch öffentlich in sozialen Medien. Die Kommentare, die in der Folge auf sie einprasselten, möchte ich hier
lieber nicht teilen. Sie waren grauenvoll.

Georg, Katja und Franzi

Lilly führte nicht die einzige Dreiecksbeziehung, der ich
in Österreich begegnete. Diesmal waren es ein Mann
und zwei Frauen. Sie leben bereits seit Jahren zusammen
und erziehen gemeinsam zwei Kinder. Es scheint wun-
derbar zu funktionieren. Als sie mich aufklärten und

mir von ihrer Beziehung zueinander berichteten, musste ich auflachen:

»Hey, das ist ja arabisch!«

Auch wenn ihre Beziehung nur wenig mit einer islamischen Mehrfrauenehe zu tun hat, so fand ich die Parallele dennoch amüsant. So unterschiedlich und im Grunde doch auch so gleich.

Im Fall von Georg, Katja und Franzi war nämlich nicht der Mann, so wie es in der traditionellen arabischen Ehe der Fall ist, das Familienoberhaupt. Allen dreien gebühren gleiche Rechte. Sie gehen auf Augenhöhe miteinander um. Sie leben in einem Haushalt, erziehen die Kinder zusammen und lieben sich untereinander. Auch die Frauen. Eine völlig neue Konzeption eines veralteten Modells.

Ich gehöre niemandem

Im Zuge meiner Arbeit lernte ich eine Frau kennen, die mir von ihrer Nichte in Salzburg erzählte. Ihre Nichte, nennen wir sie Annika, hatte in einer monogamen Beziehung mit einem Mann, Thomas, gelebt, bis sie sich schließlich dazu entschloss, ihre Bisexualität auszuleben. Denn sie liebte nicht nur Männer, sie liebte auch Frauen. Um seine sehr geliebte Freundin nicht zu verlieren, ließ sich Thomas darauf ein, dass eine weitere Frau Teil ihrer Beziehung wurde. Die Dame, die mir diese Geschichte erzählte, meinte: »Thomas muss nun seine Freundin teilen.« Ich muss schockiert gewirkt haben, denn die Frau wechselte sofort das Thema. Ich war auch schockiert. Nein, nicht wegen der Bisexualität oder einer Beziehung zu dritt, sondern über die Worte »er muss seine Freundin teilen«. Wie bitte? Wie kann man etwas teilen, das einem nicht gehört? Man besitzt keinen Menschen. Das Besitzdenken in Beziehungen wurde schon immer romantisiert. »Ich bin deins, du bist meins«, wurde bestimmt schon auf viele Liebesbriefchen gekritzelt. Es ist aber sehr klar hervorzuheben, dass man Menschen nicht besitzen kann und eben deswegen auch nicht teilen. Ich kann vieles miteinander teilen: eine Wohnung, einen Moment, das Bett, Sorgen, ein Auto, Gedanken, doch bestimmt keine Person. Denn diese gehört mir nicht. Und ich gehöre ihr nicht. Ich liebe dich vielleicht, doch deswegen besitze ich dich nicht, genauso wenig wie du mich.

Die freie Liebe liegt im Trend

Während meiner Recherche stieß ich auf einige amüsante Tinder- und Dating-App-Profile. Neben jenen einsamen Herzen, die nach einer besseren Hälfte suchen, habe ich auch erstaunlich viele Doppelprofile gefunden. Also Profile von Pärchen, die gemeinsam nach einem Abenteuer, einer dritten Person, suchen. Sowohl für sexuelle Handlungen als auch als permanenten Zuwachs für die Beziehung. Auf welch interessante Angebote ich dabei gestoßen bin, möchte ich hier gerne mit dir teilen.

Elias und Katharina, 30

Du traust dich nie! Was gibt's zu essen?
Wer keinen Koriander mag, hat die
Kontrolle über sein Leben verloren.
Kein Sex vor dem ersten Date.

Julian und Mia

Wir sind ein Paar (m 32, w 28) und sind
der Suche nach einer interessanten Fr
Vielleicht sogar mit Potenzial für me

B und E, 30

Da Weihnachten vor der Tür steht,
würde ich meinem Freund heuer gerne ein
besonderes Geschenk machen. Wenn ihr offen
für was Neues seid, meldet euch gerne ...

Attraktives Paar, 32

Maya und Daniel sind auf der Suche
einer attraktiven Frau für einen Dre

Wienerpaar, 35

allo! Wie geht es euch? Wir sind ein Paar
d suchen auf diesem Weg eine liebe SIE,
die wir verwöhnen dürfen.

Mario und Dan, 30

Hey! Wir sind Mario und Dan und seit acht
Jahren in einer geschlossenen Beziehung. Wir
suchen coole Leute zum Kennenlernen.
Keine Sexdates!

Pärchen scheinen vieles auf den Internet-Dating-Seiten zu suchen. Von Sextreffen bis hin zu tieferen Bindungen oder aber auch nur freundschaftlichen Einladungen ist hier alles dabei und vertreten. Auch wenn die Doppelprofile auf den ersten Blick überraschend für mich waren, so verstehe ich mittlerweile besser, worum es dabei geht. Ehrliche Kommunikation, kein Betrug, sondern gemeinsames Experimentieren oder Ausleben der Sexualität.

Normalität ist relativ

Wir sprechen wieder von normal. Was ist normal? Unsere gesellschaftliche Norm beruht auf jahrtausendealten Schriften und Prophezeiungen. Die Religion prägt unsere Gesellschaft. Der Mann darf, die Frau nicht. So steht es geschrieben. Dennoch finde ich es absurd, einem Mann die Polygamie zu erlauben, der Frau aber nicht. Genauso wie die forcierte Monogamie in traditionellen Ehen eine Scheinwahrheit darstellt, an die sich nur wenige Menschen zu halten scheinen. Dabei gibt es Liebe, Beziehungen und Ehen in völlig unterschiedlichen Ausführungen, Formen und Erscheinungen. Manche der österreichischen Beziehungen ähneln den traditionellen islamischen Konzepten mehr, als ihnen lieb ist.

Auch wenn die Menschheit immer toleranter zu werden scheint, so müssen sich Frauen wie Lilly noch immer für ihre alternative Beziehungsform schämen. Sie traut sich bis heute nicht, Kollegen oder Freunde nach Hause einzuladen, denn niemand darf mitbekommen, wie und wen sie liebt. Auch Georg, Katja und Franzi müssen mit richtenden Blicken und Unverständnis umgehen. Arabische Frauen, wie etwa die Wahlkanadierin, wissen genau, was es bedeutet, für seine offene Liebe an den Pranger gestellt zu werden. Den Männern wird hier etwas mehr Freiraum gelassen. Ein Zustand, den es zu ändern gilt.

BEZAHLTE LIEBE

Du brachtest mir bei
علمتيني

Ragheb Alama

Du brachtest mir bei, das Leben zu leben.
Zu lieben. Ich vergesse mit dir die Sorgen.
Und die Last der Reise!
Du brachtest mir bei, mit dir
und deiner Liebe zu verschmelzen.
Das Herz bleibt wach und singt deine Lieder.
Ich schenke dir mein Herz, das von dir erfüllt ist.
Ich schenke dir mehr als das Herz!
Du brachtest mir bei, das Universum zu lieben
und deine Augen zu vermissen.
Da wo dein Herz ist, werden meine Seele
und mein Herz sein.

Wer mein Buch *Sisi, Sex und Semmelknödel* gelesen hat, der weiß, was der Unterschied zwischen einer Massage in Österreich und einer syrischen Massage ist. Für all jene, die es nicht wissen oder vergessen haben, erläutere ich diese erfrischende Sprachproblematik gerne noch einmal.

Warst du schon einmal bei einer Massage? Falls du diese Frage mit Ja beantwortet hast, würde mich noch interessieren, ob du sie genossen hast. Hattest du es schön? War sie angenehm? Dann würde ich noch gerne wissen, wo du diese Massage erhalten hast. In Syrien oder in Österreich? Sollte es in Syrien gewesen sein, dann uh lala! »Massage« ist dort nämlich ein Synonym für bezahlten Sex. Quasi eine Form der Prostitution. Wobei, Prostitution gibt es ja eigentlich nur bei euch, hier in Österreich. Ihr Ungläubigen. In Syrien ist doch alles *halal*. *Sarkasmus aus* Dass syrische Massagen ein *Happy End* beinhalten, wusste ich jedenfalls schon lange.

Als ich mehrere Jahre später in Österreich ankam, litt ich unter grauenhaften Schmerzen in meiner Halswirbelsäule. Irgendwann war es so schlimm, dass ich es nicht mehr aushielt und ins Krankenhaus musste. Unzählige Untersuchungen und eine nicht enden wollende Wartezeit im Aufenthaltsbereich der Klinik später wurde ich endlich zur finalen Diagnose ins Ärztezimmer gerufen. Ein betagter Mann in weißem Kittel kam auf mich zu und drückte mir einen Zettel in die Hand. Mit leichtem Dialekt und großer Gelassenheit wies er mich wie folgt auf meine Therapieempfehlung hin: »Herr Khir

Alanam, Sie gehen zur Massage. Aber keine Sorge, das müssen Sie nicht selbst bezahlen, das geht auf Krankenschein.« Du kannst dir vielleicht schon vorstellen, was das in mir auslöste. Und wie es mir erst erging, als ich die Gebietskrankenkasse in Graz aufsuchte und einen Warteraum voller Menschen vorfand, die scheinbar alle auf den gleichen Gratisservice wie ich warteten: »Eine Oase, an der es Sex auf Krankenschein gibt.«

Die syrische Massage

Dass es in Österreich wohl keinen Sex auf Kosten der Krankenkasse gibt, wurde mir relativ schnell klar, dennoch fand ich die Begriffsgleichheit amüsant, denn die Massagen in Syrien sind etwas völlig anderes als jene, die mir von dem netten Arzt in Graz verschrieben wurden.

Als ich noch in Damaskus lebte und Solaranlagen verkaufte, machte ich einige interessante Bekanntschaften. Mein Laden befand sich in einem beliebten Stadtteil. Kommst du als Tourist nach Damaskus, dann musst du unbedingt einen der berühmten Säfte bei *Abu Abdo* probieren. Es gibt köstliche Milchshakes und Smoothies die jeder Damaszener bereits genossen hat. Ähnlich wie die *Pasteis de Nata* in Lissabon oder das *Gelato* in Rom gehört in Damaskus ein alkoholfreies Kaltgetränk einfach dazu. In jener Gegend traf ich auch auf Sedat, einen Mann in meinem Alter, mit dem ich eine Freundschaft aufbaute. Er besuchte mich oft in meinem Laden. Wir rauchten gemeinsam Shisha, sprachen über unsere Probleme, über Frauen und die Arbeit. Ich erzählte ihm sogar vom bereits erwähnten Kellercafé, woraufhin er dort ebenfalls einen netten Abend mit seiner Date-Partnerin genoss. Eines Morgens kam er mit einer Zeitung in der Hand zu mir ins Geschäft und deutete aufgeregt mit seinem Finger auf eine bestimmte Anzeige. Neben den Jobinseraten und Werbungen gab es Angebote für Massagen. Wir wussten damals bereits, was unter so einer Massage zu verstehen ist, und riefen neugierig die dort abgedruckte Nummer an. Wenige Momente später hatten wir bereits einen Termin.

Ich war gerade einmal 19 oder zwanzig Jahre alt. Als ich mit Sedat auf dem Weg zu dem vereinbarten Treffpunkt war, konnte ich vor Aufregung kaum ruhig atmen. Die Hormone spielten verrückt, wir waren jung, unerfahren und sind damals, wie man auf Arabisch so schön sagt, fast explodiert. Nein, nicht wie eine Bombe. Sondern wegen der Hormone. Wir fanden uns am vereinbarten Platz ein und plötzlich kam uns ein großer, gefährlich aussehender Mann entgegen. Das war der erste Moment, in dem ich meine Entscheidung anzweifeln sollte. »Bist du narrisch« – ich fürchtete mich, als ich ihn sah. Ich glaube, ich habe in meinem Leben noch nie so einen riesigen, unbeschreiblich massiven Menschen gesehen. Seine Arme mussten breiter als meine Oberschenkel gewesen sein, sein Oberkörper glich jenem von Hulk. Österreicher würden vermutlich sagen, er war ein »Viech«. Ich fühlte mich jedenfalls plötzlich extrem

klein und das trotz meiner 195 Zentimeter Körpergröße.
Na gut, das war übertrieben. Ein bisschen kleiner bin ich
dann wohl doch. Aber nur ein bisschen! Das Viech und
ich wechselten kaum ein Wort miteinander und er führte uns zu einer Wohnung. »Hier wartet wohl die Frau«,
dachte ich mir, während ich dem Koloss still und leise
folgte. Er führte mich in ein verstecktes Hinterzimmer
und ließ mich dann mit der Dame alleine. Ich denke, die
Details erspare ich dir lieber.

Kein Wort, versprochen?

Sedat und ich versprachen uns, niemals über dieses Ereig-
nis zu sprechen. Wir schworen uns, diese Erinnerung in
unserer Vergangenheit ruhen zu lassen. Sofort nachdem
wir die Wohnung verlassen hatten, machten sich mas-
sive Schuldgefühle in uns beiden breit. »Oh mein Gott,
was habe ich getan?«, heulte ich innerlich vor mich hin,
während wir den Heimweg bestritten. Ich fühlte mich so
schmutzig, ich fühlte mich unwohl in meiner Haut und
bereute, jemals diese Wohnung betreten zu haben. Ich ek-
elte mich vor mir selbst. Niemals sollte jemand davon erfahren. Bis jetzt, jetzt erzähle ich ganz Österreich davon!

Auch Sedat landete übrigens nach seiner Flucht in
Österreich, wo auch er weitere sexuelle Erfahrungen
machte. Inzwischen hat er allerdings eine extra aus Syrien geholte Jungfrau geheiratet, die einige Jahre jünger
ist als er. Ein bekanntes Phänomen.

Strenges Verbot

In Syrien ist die Prostitution verboten. Es gibt strenge Gesetze dafür. Werden diese Gesetze gebrochen, drohen harte Strafen. Gleichzeitig sind Zeitungen ständig mit Inseraten wie jenem gefüllt, auf das auch Sedat aufmerksam wurde. Es ist öffentlich bekannt, dass es Massagen gibt, dennoch sind sie illegal.

Das Viech, von dem ich vorhin erzählte, arbeitete, wie sich später herausstellen sollte, für die Regierung. Kein Einzelfall in diesem Geschäft. Denn die Milizen, die für die Regierung arbeiten und im arabischen Raum als Muchabarat bekannt sind, regeln auch die Prostitution. Sie führen und kontrollieren diesen eigentlich illegalen Markt.

Trotz des strengen Verbotes und der gesellschaftlichen Verachtung, die mit der bezahlten Liebe einhergeht, kann ich heute darüber sprechen. Ich kann meine Erfahrungen sogar in diesem Buch festhalten – schon witzig, wie das Leben manchmal spielt. Wohl weil ich immer schwieg, nie über meine Gefühle oder meine Sexualität sprach, erzähle ich heute alles, vielleicht sogar etwas zu viel. Ich möchte mich nicht mehr schämen. Genauso wie andere Menschen habe ich meine Erfahrungen gemacht. Schweigen wir alle darüber, fühlen wir uns alleine und dreckig. Sprechen wir offen darüber, so merken wir, dass wir alle Menschen mit einer Vergangenheit sind.

Die Hully-Gully-Bar

Vor zwei Jahren durfte ich einen Monat lang als Markt-
schreiber, also als eingeladener Gastschriftsteller, in St.
Johann in Tirol fungieren. Ich liebte es, in den Bergen
zu sein, die Tiroler kennenzulernen und neue Bekanntschaften zu machen. Unter anderem lernte ich in dieser
Zeit auch Linda kennen. Sie lebte mit ihrem bulgari-
schen Partner in Tirol und war eine richtig coole Frau. Innerhalb kürzester Zeit wurden wir zu Freunden, lachten
viel gemeinsam und sie nahm mich mit ins St. Johanner
Nachtleben. In St. Johann gibt es genau eine Bar, in der
sich die jungen Leute treffen. Die Postbar. Ich glaube, in
jedem österreichischen Dorf gibt es eine davon. Zumindest kenne ich mittlerweile so einige Postbars. Jedenfalls
machten wir uns einen lustigen Abend in der Postbar
und lernten zwei nette Burschen kennen. Gerade als die
Stimmung so richtig am Höhepunkt war, hörte ich den
Barkeeper rufen: »Letzte Runde und abkassieren bitte!«
Scheinbar machte die Postbar bereits um zwei Uhr zu,
wir waren aber noch motiviert und wollten weiterziehen.
Das einzige Problem: Wohin?

»Um diese Uhrzeit gibt's nur noch die Tankstelle oder
Hully Gully«, erklärte uns Linda in ihrer leicht alkoho-
lisierten Euphorie. »Hully Gully, das hört sich lustig an!
Gehen wir dorthin!«, erwiderte ich unwissend und in der
Annahme, dass es wohl spaßiger als die Tankstelle sein
musste. Wir machten uns auf den Weg und klopften, dort
angekommen, an einer verschlossenen Türe. Linda stand

vorne, ich neben ihr. Sie machten nicht auf. In unserer guten Laune tratschten wir vor dem mysteriösen Eingang weiter, wir lachten, waren auch schon etwas angeheitert. Plötzlich ging die Türe auf. Zwei Männer verließen die Räumlichkeiten und verschwanden in der Dunkelheit der Nacht. Der Türsteher sah uns an: »Frauen dürfen hier nicht rein«, brummte er, und machte die Tür erneut zu. »Dann wohl doch ab zur Tankstelle«, kicherte Linda und wir verließen die Einfahrt des Hully Gully.

Dass es sich bei Hully Gully um einen Club, der nur für Männer zugänglich ist, handelte, war mir nicht bewusst gewesen. Was genau sich hinter den Türen versteckt, weiß ich bis heute nicht, aber vielleicht komme ich ja irgendwann wieder nach St. Johann und kann es herausfinden. Ausschließlich zu Recherchezwecken, versteht sich.

Das Geschäft mit der Liebe

Die bezahlte Liebe existiert in unendlich vielen Ausführungen. Von der syrischen Massage und dem Kabarett bis hin zum Besuch im Hully Gully Club sind ihr keine Grenzen gesetzt. Ob in einem Strip-Club oder einem Kabarett ein paar Scheine bezahlt werden, um Frauen beim Tanzen zuzusehen, oder im Zuge einer Massage ein Geschäft stattfindet, ist im Prinzip nebensächlich. Denn das Geschäft mit der Liebe ist allgegenwärtig. Heute vielleicht sogar mehr denn je.

Im Internet werden Körper verkauft. Na gut, ich rede jetzt nicht von Menschenhandel, auch wenn es leider auch solche Geschäfte tatsächlich gibt, sondern ich spreche von Seiten wie beispielsweise Only Fans. Menschen zahlen monatlich Geldbeträge, um freizügigen Content ansehen zu können. Egal ob das Nacktbilder oder pornografische Inhalte sind, Geld wird hier gegen einen Service getauscht. Doch wann geht die bezahlte Liebe zu weit? Wo hört der Spaß auf und wo fängt Zwang an? Ist die bezahlte Liebe etwas Verwerfliches? Auch auf diese Fragen gibt es, wie ich finde, kein klares Ja oder Nein als Antwort.

Ragheb Alama singt in seinem Lied »Du brachtest mir bei« über eine Frau, die ihm das Lieben lehrte. Sie zeigte ihm, was es bedeutete zu leben, er schmolz in ihrer Gegenwart. Als ich dieses Lied wieder hörte, erinnerte es mich daran, dass viele junge Menschen in meinem Geburtsland gerne schon früher gelernt hätten, was Liebe und Intimität bedeuten, es ihnen jedoch nicht erlaubt war. Aufgrund der mangelnden Kommunikation und Aufklärung musste auch ich mir vieles selbst beibringen. Vielleicht ist auch die bezahlte Liebe für den ein oder anderen Menschen eine Möglichkeit, etwas zu lernen und Erfahrungen zu sammeln. Egal ob das bezahlte Inhalte aus dem Internet oder tatsächliche körperliche Erfahrungen sind.

Liebestourismus

Ich war gerade mit dem Bus auf dem Weg zu einer Veranstaltung in Graz, als ich auf eine junge Frau traf. Ihr Name war Marie und ich kannte sie bereits von einem meiner Auftritte. Wir führten ein schönes Gespräch und sie erzählte mir von ihrem beruflichen Aufenthalt in Sansibar, von dem sie erst vor kurzem wieder zurückgekommen war. »Wusstest du, dass viele Frauen dorthin fahren, um sich verwöhnen zu lassen?«, fragte sie mich mit einem verschmitzten Lächeln. Ich hatte keine Ahnung, wovon sie sprach. Einmal mehr war ich aber neugierig. Und so erklärte sie mir, dass Frauen jeden Alters, also von zwanzig bis achtzig Jahren, auf die afrikanische Insel fliegen, um dort nette Stunden mit Männern zu verbringen. Ich musste sofort an die Art Sextourismus denken, für die viele Männer beispielsweise nach Thailand fliegen, bei den Frauen in Sansibar scheint der Ablauf aber ein anderer zu sein. Sie zahlen dem Mann keine einmalige Pauschale in Form eines Fixums, sondern sie verbringen einen Tag oder mehrere Stunden zusammen und die Dame bezahlt Einkäufe und lädt in Restaurants ein. Sie zahlt ihrem Gegenüber quasi indirekt für seine Zeit. Marie erklärte mir, dass es vor allem deshalb auf einer indirekten Basis beruht, weil viele Frauen diese Geschäfte mit Männern nicht allein wegen der sexuellen Kontakte eingehen. Anders als bei vielen männlichen Sextouristen suchen viele Frauen nach mehr als nur körperlicher Befriedigung. Sie sehnen sich nach Anerkennung, Wertschätzung und gemeinsamer Zeit. Sie lassen sich verwöhnen, aber nicht nur auf sexueller Ebene. Auch wenn diese natürlich für viele Frauen dazugehört. Bestimmt wird nicht nur gemeinsam gegessen und geplaudert, wenn du verstehst, was ich meine.

Marie erzählte von einer netten österreichischen Dame, welche sie auf der Insel kennengelernt hatte. Die siebzigjährige Irmi verbrachte bereits ihren fünften Sommer in Sansibar. Ihr Sohn schickte sie jährlich für zwei Monate an das paradiesische Fleckchen. »Das ist besser als Therapie, Krankenhaus oder Kur! Das tut einfach gut!«, strahlte Irmi während eines gemeinsamen Kaffeeplauschs mit Marie. Marie selbst ließ sich in ihrer Zeit auf Sansibar nur von ihrem Mann, der sie begleitete, verwöhnen, aber ihre Beobachtungen von dem dort wohl aufblühenden Liebestourismus fand ich äußerst sympathisch und interessant.

Individuelle Unterschiede

Ich denke, sowohl Männer als auch Frauen bedienen sich der bezahlten Liebe. Dennoch gibt es ein paar Unterschiede in den Wünschen, Fantasien und Vorstellungen. Zwischen Männern und Frauen, aber auch generell, zwischen Individuen. Ähnlich wie sich Erwartungen an Beziehungen, Partner und Lebensweisen stark von Mensch zu Mensch unterscheiden können, unterscheiden sich auch die sexuellen Lüste und unterscheidet sich letztendlich auch das, wofür manche Menschen eben Geld ausgeben. Sei es ein Abonnement bei Only Fans, eine syrische Massage oder ein paar aufregende Tage in Sansibar. Bedürfnisse und Prioritäten sind von Person zu Person anders. Und das macht uns aus.

Die Schattenseiten

Die bezahlte Liebe gibt es überall auf der Welt. In manchen Gegenden ist sie legalisiert und kontrolliert, in anderen Gegenden ist sie verboten. Dennoch gibt es sie. Denken wir an die befristeten Ehen zurück. Letztendlich werden auch sie von vielen Menschen als Form der Prostitution angesehen. Eigentlich unvorstellbar, einen Ehebund nur für ein paar Stunden einzugehen, aber so wird eben eine Problematik umgangen, so wird ein Schlupfloch gefunden.

In vielen Kulturen wird eine Art Scheinheiligkeit gelebt. »Wir sind alle artig und fromm.« So auch in manchen arabischen Ländern. Prostitution ist verboten, dennoch gibt es sie. Sie wird versteckt, aber sie existiert in großem Stil. Tief im Inneren sind sich die Menschen dessen auch bewusst, sie wollen nur nicht darüber sprechen. In meinen Augen eben eine Scheinheiligkeit. Alles, was mit bezahlter Liebe in Verbindung gebracht wird, ist schlecht. Spricht jemand offen darüber, wird er von der Gesellschaft verurteilt, er muss sich rechtfertigen. Leider ist das Geschäft mit der Liebe auch für die, die diese Liebe oder Körperlichkeit verkaufen, oft mit viel Schmerz, Ausbeutung und Zwang verbunden. Vor allem dort, wo Prostitution illegal ist.

In Damaskus traf ich auf eine junge Frau, Laila. Sie erzählte mir von ihrem Schicksal. Sie begann zu weinen, als ich sie fragte, warum sie so fragil und traurig sei. »Ich verliebte mich in einen Mann und er brachte mich dazu, meinen Körper zu verkaufen«, schluchzte sie. Ihre Familie war tief in ihren misogynen Traditionen gefangen. In manchen Gegenden in Syrien und anderen arabischen Ländern gibt es so etwas wie Clans. Also starke Verbindungen zwischen Familien. Manche dieser Clans sind mächtig und innerhalb der Clans entscheiden die Männer über die Partnerwahl der nächsten Generation. Das hat den Zweck, dass der Clan »rein« bleibt und wirtschaftlich sowie gesellschaftlich gewinnbringende Beziehungen eingegangen und Probleme innerhalb verschiedener Clans beseitigt werden. Laila verliebte sich allerdings in einen anderen Mann, einen Mann, der nicht von ihrer Familie, ihrem Großvater, vorgesehen war und sie rannte gemeinsam mit ihm davon. Leider stellte sich heraus, dass die Liebe ihres Lebens Zuhälter war. Er suchte gezielt nach jungen, hübschen und unsicheren Frauen und entriss sie ihrem Familiensystem, sodass sie nicht mehr zurückkehren konnten. Auch Laila konnte nicht mehr in ihre Heimat, zu ihrer Familie zurück. Sie lief davon, mit einem Mann, den die Familie nicht akzeptierte. Wäre sie dennoch zu ihrer Familie zurückgekehrt, wäre die Konsequenz für ihr Handeln Ehrenmord gewesen.

Ich hörte Laila noch eine Weile lang zu. Ihr Schicksal machte mich traurig, ist aber leider bei Weitem kein Einzelfall. Nicht nur in Syrien, sondern auf der ganzen Welt gibt es Schicksale wie das von Laila. Die Kriminalisierung der Prostitution begünstigt Fälle wie diesen, eine Problematik, vor welcher wir unsere Augen nicht mehr verschließen dürfen.

LIEBE KENNT KEINE GRENZEN

Deine Augen sind Sommernächte

عيناك ليال صيفية

Majida El-Roumi

Deine Augen sind Sommernächte
und Visionen
und rosige Gedichte und Liebesbriefe.
Flucht vor vergessenen Liebesbüchern.
Die Magie in deinen Augen
verbindet das Leben mit einer Hoffnung.
Als wärst du vom Mond gekommen,
von einem goldenen Morgenstern.
Aus einem Land wo die Sonne der Liebe
das Gesicht der Freiheit umarmt.
Und ich reise durch das Leben und halte
deine Augen und ein Lied.

Die Liebe kennt keine Grenzen. Sie existiert in verschiedenen Formen, es gibt sie nicht nur zwischen Mann und Frau, und auch wenn nicht jeder Mensch alle Arten der Liebe verstehen oder nachvollziehen kann, so sollte er sie zumindest akzeptieren.

Sprechen wir nie über Themen wie Homo- oder Transsexualität, so wird ihre Existenz auch von der Gesellschaft nicht anerkannt. Erst eine transparente und offene Kommunikation ermöglicht es, die Grenzenlosigkeit der Liebe in den Köpfen eines jeden Menschen zu verankern. Niemand sollte Angst vor der Liebe haben. Wir müssen über ihre Vielseitigkeit berichten, sie einander näherbringen, Emotionen teilen, um so zumindest Akzeptanz zu erreichen.

Was ist schon »normal«?

Ich bin der, der im Dazwischen lebt. Kein Araber, wie er im Buche steht, aber auch kein waschechter Österreicher. Oder besser noch: Eigentlich bin ich beides, aber eben nicht so ganz. Interessant ist die Erwartungshaltung, die bei gewissen Themen und Fragen an mich, denjenigen, der alles und doch nichts ist, herangetragen wird. Kürzlich führte ich ein interessantes Telefonat mit Ali, einem alten Freund, den ich einst auf der Universität in Damaskus kennengelernt hatte. Inzwischen lebt er im Oman, einem strenggläubigen Land mit traditionellen Werten. Unsere Wege trennten sich, bis er sich vor einiger Zeit telefonisch bei mir meldete. Meinen Erfolg hatte er über die sozialen Medien mitverfolgt und er war wohl neugierig geworden. Ich in Europa, er im Oman. In seinen Augen komme ich nun aus der Metropole. Bin Europäer. Hippie und Freigeist. Er liest von meinem Küchenkabarett, versteht jedoch nur »Kabarett«, weiß, dass in dem Kulturraum, in dem ich nun lebe, auch Alkohol eine Rolle spielt und hat plötzlich ein ganz neues Bild von mir.

Bei den Arabern habe ich einen neuen Status.

»Der Omar, der anders geworden ist«, nennen mich viele meiner arabischen Freunde, so auch Ali. Er war immer schon sehr neugierig und fragte mich während unseres Telefonats nach meiner Meinung zu mehreren Dingen, in der geheimen Hoffnung oder mit der Annahme, meine Meinung sei nun anders, europäisch, und sie würde ihm Gelegenheit zum Lästern liefern. »Was hältst du eigentlich von Homosexualität? Findest du das jetzt normal?«, interessierte ihn während unseres Gesprächs brennend. »Was ist schon normal, Ali?«, erwiderte ich. »Ist es normal, dass du vier Frauen heiraten kannst?« Ich muss nicht zu allem eine Meinung haben oder ein Experte sein. Ich selbst kenne mich mit der Liebe zum gleichen Geschlecht nicht aus. Aber ich weiß durch mehrere Begegnungen mit Homosexuellen, sowohl in Österreich, als auch in Damaskus, wie schön und eben wie normal die gleichgeschlechtliche Liebe ist.

Ali erwartete eine extrem europäische Antwort von mir. Interessanterweise erwarten die Österreicher im

Gegensatz dazu eine arabische, traditionelle Antwort von mir auf diese oder ähnliche Fragen. Die Österreicher denken, wir Araber bewerten Homosexualität und alles, was mit LGBTQIA+ zu tun hat, als negativ, als Sünde, als *haram*. Leider haben sie damit, zumindest bei einem großen Teil unserer Gesellschaft, gar nicht so unrecht.

Versteckte Liebe

In Syrien passiert viel hinter verschlossenen Türen. Was die Homosexualität betrifft, ist die Geheimhaltung noch wichtiger. Lustigerweise könnte man dennoch zwei Männer oder zwei Frauen Hand in Hand durch die syrischen Straßen spazieren sehen, das ist gar nicht so unüblich. Da es Homosexualität im gesellschaftlichen Verständnis gar nicht gibt, hinterfragt niemand diesen in ihren Augen bestimmt freundschaftlichen Akt. Dies würde wiederum einem homosexuellen Paar ermöglichen, händchenhaltend durch Syrien zu spazieren, ohne dass sie jemand beachtet. Halten jedoch ein Mann und eine Frau auf offener Straße Händchen, ist dies streng verpönt.

In einem Teil des Sibky Parks in Damaskus, einem wunderschönen Garten, treffen sich jene Damaszener, die sich in Bezug auf ihre Sexualität und ihre Liebe überall anders in der Stadt bedeckt halten müssen. Auch in Rom entdeckte ich einen ähnlichen Ort, sogar einen ganzen Bezirk, wo sich ein Hotspot für all jene formte, die nicht dem klassischen Beziehungs- und Liebesmodell entsprachen. Vor allem in Syrien wirkte es auf mich so, als ob die Existenz anderer Liebesformen geleugnet werde. Als sollte die gesamte Stadt frei davon sein, bis auf einen kleinen Ort, wo sie ausgelebt werden durfte. Darüber gesprochen wird kaum. Es ist ein Tabuthema, eine Sünde, und aufgrund des Versteckens und Verleugnens entsteht in der Gesellschaft auch keine Möglichkeit für die Entwicklung von Akzeptanz und Verständnis. Denn was nicht besprochen und gezeigt wird, kann kaum verstanden werden.

Große Stadt-Land-Unterschiede

Auch in Österreich wird Toleranz und Offenheit nicht überall in gleichem Ausmaß gelebt. Während in den großen Städten wie Wien und Graz, vor allem in der jüngeren Generation, in meinen Augen schon eine recht offene Philosophie mit Verständnis für jede Form von Liebe und Sexualität an den Tag gelegt wird, sieht es in ländlichen Regionen oft anders aus. Hier wird weniger darüber gesprochen und es gibt weniger Menschen, die offen mit jener Thematik umgehen. Die, die darüber sprechen könnten, flüchten in die tolerante Stadt. Was zurückbleibt, ist auch hier oft Unverständnis und Befremdung.

Verstehen lernen

Wo beginnt Toleranz? Und wo hört Offenheit auf? Inwieweit können und dürfen wir uns mit Menschen identifizieren, die einer Randgruppe angehören, ohne selbst in ihren Schuhen zu stecken? Als Geflüchteter fand ich mich oft in der Situation, dass Menschen mir Verständnis entgegenbringen wollten. Verständnis für etwas, das sie nie selbst erlebt hatten, für etwas, das sie doch eigentlich gar nicht verstehen können, auch wenn sie es aus reinem Gewissen heraus versuchen.

Vor etwa zwei Jahren lernte ich Susanna, eine unglaublich herzliche Frau, kennen. Schnell entwickelte sich eine Freundschaft und schon bald stellte sie mir ihre Lebensgefährtin vor. Die beiden sind ein wundervolles Paar. Damals lernte ich auch Susannas Bruder kennen. Auch er war homosexuell. Ich fand die Geschichte der drei erfrischend, neu und interessant. Susanna fragte mich einige Zeit später, ob ich ihr helfen könnte, indem ich für eine aus dem Irak geflüchtete Person, die im Flüchtlingsheim Schwierigkeiten hatte, übersetzte. Natürlich willigte ich ein. Die Geschichte der Irakerin berührt mich noch heute. Denn sie war einst ein Mann, fühlte sich aber als Frau und war gerade dabei, zu transformieren. Aufgrund ihrer Andersartigkeit wurde sie von ihren Mitbewohnern im Flüchtlingsheim, die selbst vor Gewalt geflüchtet waren, geschlagen, gemobbt und beschimpft. Die Worte, die ich für sie übersetzte, erzählten von Gewalt, von unschönen Erfahrungen und von

Hass. Ich kannte mich mit der Thematik der Transsexualität kaum aus, in Syrien wurde nie darüber gesprochen, und ich wusste nicht, wie ich auf sie zugehen sollte. Ich brachte ihr Verständnis entgegen, konnte mich aber nicht in ihre Situation hineinversetzen.

Ich war und bin deswegen vorsichtig. Ich helfe gerne, ich akzeptiere und versuche zu verstehen, aber manche Dinge können wir nie zu einhundert Prozent nachvollziehen, haben wir sie nicht selbst erlebt. Ich hoffe jedenfalls, dass es der Irakerin heute besser geht, dass sie ihren Weg gefunden hat und dem Asylheim und den schrecklichen Beleidigungen entfliehen konnte.

In der bunten Runde von Susanna, ihrer Partnerin und ihrem Bruder und auch in Gegenwart der Irakerin fühlte ich mich sehr wohl. Sie gaben mir ein unglaublich gutes und herzliches Gefühl. In dieser Runde schien alles normal zu sein, keiner hatte Berührungsängste, alle lebten ihre Liebe ohne Scham, so, wie es sein soll. Ich war der, der anders war, nicht sie. Ein schönes Beispiel dafür, dass Normalität immer etwas Subjektives ist.

Toxische Männlichkeit

In der arabischen Gesellschaft scheint es, als ob die weibliche Homosexualität eher toleriert werden würde als die männliche. Auch Frauen, die sich als Mann fühlen und sich einer Geschlechtstransformation unterziehen, können mit mehr Akzeptanz rechnen als biologische Männer, die sich als Frau fühlen. Ich glaube, das liegt an einem toxischen, verbissenen Verständnis von Männlichkeit.

Als sich die Tochter eines berühmten ägyptischen Schauspielers als transsexuell outete und kurz darauf die Transformation zum Mann, zu Nour, vollzog, warteten alle auf die Stellungnahme des Vaters. Als sich der Schauspieler dem Interview stellte, stand er, zur großen Überraschung einiger, zu einhundert Prozent hinter seinem Sohn. In einem anderen Interview ließ er dann einen wohl zu ehrlichen und fragwürdigen Kommentar fallen: »Wäre Nour ein geborener Sohn, der sich in eine Frau umwandeln würde, wäre das alles viel schwieriger für mich.« Dieses Geständnis wirft Fragen bei mir auf. Denn wo liegt der Unterschied? Warum ist es so einfacher für ihn als andersherum? Die Antwort liegt in meinen Augen im männlichen Ego.

Ein Mann muss männlich sein. Deswegen darf er keinen anderen Mann lieben, kein Rosa tragen, keine langen Haare haben und sich vielleicht nicht einmal die Augenbrauen zupfen. Er darf keine Weiblichkeit zeigen, muss er doch ein Rollenbild erfüllen, welches meiner Meinung nach auf einer Illusion beruht. In meiner Jugend in Syrien hätte ich niemals die Farbe Rosa oder bunte Socken getragen, heute gehört das zu meinem Alltag. Bin ich deshalb bereits weniger Mann? Und warum darf eine Frau sehr wohl Männlichkeit zeigen? Warum gilt eine Frau, die mit einer anderen Frau intim wird, als erotisch, aber ein Mann, der mit einem anderen Mann intim wird, wird verachtet? Auch Ali, mein Bekannter im Oman, erzählte immer freudig von seinen konsumierten Pornofilmen, die fast ausschließlich zwei oder mehrere Frauen miteinander zeigten. Hier schien ihn die Homosexualität nicht zu stören. Die Unterschiede in Bezug auf Mann und Frau bei der Betrachtung von Homo- und Transsexualität sind vor allem in traditionellen Gesellschaften, aber auch global omnipräsent.

Viel Aufholarbeit

Ich glaube, die Liebe kennt keine Grenzen. Egal wer wen liebt, egal wo auf der Welt und egal, was die anderen sagen. Solange Liebe einvernehmlich ist und auf Augenhöhe, sollte da kein Problem sein.

Wir müssen nicht jede Form der Liebe verstehen, auch nicht jede Form der Sexualität. Aber wir sollten versuchen, die bunte Liebe zu akzeptieren. Wir sollten stets neugierig bleiben, Fragen stellen und keine Berührungsängste haben, denn nur so können wir andere Menschen, andere Formen der Beziehung und der Liebe irgendwann besser sehen und einordnen. Offener Diskurs ist gefragt! Sowohl in Syrien als auch in Österreich.

BIS DASS DER TOD EUCH SCHEIDET

Warum hast du mich verlassen?

سبتيني ليه

Hany Shaker

Wunden, Wunden … Wuuuuuuundeeeeeen!
In deiner Abwesenheit habe ich keinen Frieden.
Keine Entspannung. Schmerzen quälen mich.
Morgens und nachts!
Wunden, Wunden … Wuuuuuuundeeeeeen!
Das Leben hilft nicht …
Und das Schweigen hilft nicht mehr.
Und die Hände tragen ein Gewicht,
welches sie nicht geben können!
Warum hast du mich verlassen?
Eigentlich war zwischen uns ein Versprechen.
Dass keine Grenzen uns trennen!
Warum sagtest du, dass du mich wie verrückt liebst.
Warum verkaufst du mich? Warum betrügst du mich?
Warum liebtest du, wenn du die Liebe verlassen wirst?
Warum gabst du mir Versprechen?
Warum ließest du mich an dich heran?
Und ließest mich daran gewöhnen.
An Liebe, die nicht mehr existiert!
Waaaaaaaruuuuuum, Waaaaaaaruuuuuum …
Waaaaaaaaaruuuuuuum?!

Da ist er. Der König der Traurigkeit höchstpersönlich, Hany Shaker, und er singt, wie immer, aus tiefster Seele. Denn die wohl emotionalsten, schwermütigsten und kitschigsten Lieder sind jene, die von Trennungen und Herzschmerz handeln. Das ist, denke ich, nicht nur in der arabischen Kultur, sondern auf der ganzen Welt so. Musik hilft uns dabei, Gefühle zu äußern und Traumata zu verarbeiten. Wer gerade Herzschmerz durchmacht, versteht sicher, was ich meine.

Die Liebe ist etwas Schönes. Sie kann uns ein Gefühl der Leichtigkeit geben, uns dahinschmelzen lassen, uns den Atem stehlen und ein Kribbeln im Bauch verursachen. Sie kann auf körperlicher, hormoneller Anziehung, oder aber auch auf tiefer Verbundenheit, auf Vertrauen oder gesellschaftlichen Erwartungen beruhen. Sie kann unschuldig, berauschend und aufregend sein. Sie kann aber auch wehtun. Und wenn die Liebe wehtut, dann ist der Schmerz meist groß. So schön die Liebe also sein kann, umso mehr Leid kann sie auch erzeugen. Hany Shaker besingt in seinen Liedern genau diese Schmerzen der Liebe.

Trennungen sind nie, oder selten, etwas Schönes. Da kommt es noch nicht einmal darauf an, wie lange eine Beziehung, ein Gspusi oder eine Ehe bereits gedauert hat, zerbricht die Bindung, ist in den meisten Fällen zumindest eine Partei gekränkt, verletzt oder enttäuscht. Manchmal verlaufen Trennungen friedlich und respektvoll. Nach meiner eigenen Erfahrung und eigenen Beobachtungen ist das aber eher der Einzelfall. In der Regel verlaufen Trennungen und Scheidungen oft weniger rosig, als anfangs erhofft oder angestrebt. Egal wie reif, erwachsen oder respektvoll der Umgang auch sein mag.

In Sachen Liebe gibt es kulturelle Unterschiede zwischen den Syrern und den Österreichern, auch in Sachen Trennungen und Scheidung konnte ich Diskrepanzen beobachten. Auch wenn der Schmerz dahinter oft derselbe ist. Denn wie gesagt, eines haben die meisten Trennungen gemeinsam. Sie tun weh.

Ein Beziehungs-Aus ist kein Liebes-Aus

Endet eine Beziehung, so hat das oft wenig mit der Liebe oder dem Abklingen der Liebe zu tun. Trenne ich mich von einer Partnerin, heißt das nicht automatisch, dass ich sie nicht mehr liebe. Manchmal heißt es eher das Gegenteil.

Liebe kann sich in viele Richtungen entwickeln. Sie kann im Laufe einer Beziehung stärker werden, sich aber auch von einer leidenschaftlichen, feurigen Liebe zu einer familiären oder freundschaftlichen Liebe entwickeln. Liebe, die schwer zu beschreiben, aber dennoch da ist. Der Verlassene sucht oft den Fehler bei sich. Er denkt, er sei nicht genug, habe etwas falsch gemacht oder einfach nicht alles gegeben. Kränkung und Verletzung sind schwer zu vermeiden. Ich bin der Meinung, man kann einen Menschen wertschätzen, ihn vielleicht sogar weiterhin lieben, aber sich dennoch keine Beziehung mehr mit ihm vorstellen können. Das ist völlig normal, das kann passieren, die Liebe ist trotzdem da und wird auch immer ein Teil von einem bleiben. Zumindest sehe ich das so.

Verlassen, nicht vergessen

Prinzipiell gilt für mich die Regel: Verlassen bedeutet nicht vergessen. Egal ob ich verlassen wurde oder jemanden verlassen habe, Trennungen gehören zum Leben dazu, sie bedeuten für mich aber nicht, eine Person aus meinem Leben oder meinem Gedächtnis zu radieren. Um mit Trennungsschmerz umzugehen, fällt es uns oft leichter, Bilder zu löschen oder gemeinsame Erinnerungen in eine Box zu packen und zu verstecken. Auch dass der Expartner anderen gegenüber durch den Schmutz gezogen und mit unschönen Worten beschrieben wird, um auch vor anderen ein hässliches Bild von ihm zu zeichnen, nur, um dem anderen die Schuld am eigenen Schmerz geben zu können und das Ende der Liebe zu rechtfertigen, kommt leider immer wieder vor. Das finde ich schade. Wir sollten nie völlig vergessen, was wir mit einer Person erlebt haben, denn neben dem Trennungsschmerz teilen wir im Normalfall auch viele schöne Momente mit unseren Expartnern.

Die Scheidungsproblematik

Trennungen sind unangenehm. Scheidungen können leider oft noch viel anstrengender sein. Einerseits aus bürokratischen und gesellschaftlichen Gründen, andererseits wenn Kinder im Spiel sind. Eine Ehe ist ein Vertrag. Manchmal fällt es leicht, diesen aufzulösen, manchmal sind sich beide Beteiligten einig, oft aber entsteht Konfliktpotenzial, welches so manchen Trennungsschmerz bei Weitem übertrifft.

»Bis dass der Tod uns scheidet«, dieses Versprechen geben sich Österreicher und Syrer, so sie vor Gott heiraten, doch auch standesamtliche, rein gesetzliche Ehen werden mit der Annahme geschlossen, auf ewig zu bestehen. Nun, dass dieses Versprechen nicht immer eingehalten werden kann, ist uns allen bewusst. Wobei die Österreicher hier größere Probleme zu haben scheinen als die Syrer. Noch vor einigen Jahren lag die Gesamtscheidungsrate in Österreich bei über vierzig Prozent. Fast die Hälfte der Verheirateten ließ sich also wieder scheiden. Im Jahr 2022 lag die Scheidungsquote in Österreich »nur« mehr bei 34,5 Prozent. Eine erfreuliche Entwicklung, dennoch keine Glanzleistung. Bei den Syrern ist die Scheidungsrate extrem niedrig. Genaue Zahlen sind aber nicht auffindbar. Vermutlich weil das Thema Scheidung in Syrien weiterhin ein großes Tabu darstellt.

Abhängigkeitsverhältnisse
in beiden Kulturen

Die Abhängigkeit der Frau vom Mann ist im arabischen Raum nach wie vor allgegenwärtig. Während in der westlichen Welt oft bei Scheidung der Mann schlecht aussteigt und im Falle eines gemeinsamen Kindes dafür kämpfen muss, geteiltes Sorgerecht zu erlangen, so ist es in Syrien oft umgekehrt. Hier hat die Frau oft Angst vor der Scheidung, denn sie wird nicht nur von der Gesellschaft ausgegrenzt, ist weniger wert, weil sie keine jungfräuliche Frau mehr ist, sondern muss auch Angst davor haben, ihre eigenen Kinder nicht mehr sehen zu dürfen.

Zu Beginn einer jeden Eheschließung wird ein Vertrag aufgesetzt. Das ist in vielen Gegenden der Welt ähnlich. Im arabischen Raum wird bei der Heirat ein Betrag festgelegt, den der Mann der Frau auszahlt, sollte es zu einer Scheidung kommen. Das ist als eine Art Absicherung der Frau zu verstehen. Nur ist es leider so, dass diese Summen meistens sehr, sehr niedrig ausfallen und dazu nach einer gewissen Zeitspanne noch weniger wert sind. Möchte eine Frau die Scheidung, so muss sie Angst um ihre Existenz haben, denn in vielen Fällen hat sie nicht studiert oder keinen Beruf erlernt, um als Hausfrau ausschließlich für den Mann oder die Kinder da sein zu können. Zumindest war das in der Generation meiner Eltern eine häufige Konstellation. Das Machtverhältnis ist leider noch immer recht einseitig in Syrien, darunter leiden meistens die Frauen. »Studierte Frauen diskutieren mir zu viel«, sagt so manch ein Mann, der dieses Abhängigkeitsverhältnis beibehalten möchte und vor angeregten Diskussionen und Gesprächen Angst hat.

In Österreich wiederum habe ich gerade in Sachen Scheidung oft das Gegenteil beobachtet und erlebt. Hier haben die Mütter und die Frauen mehr Rechte. Vor allem wenn es aber um die Kinder geht, sind sie im klaren Vorteil. Natürlich gibt es auch hier Unterdrückung und Abhängigkeitsverhältnisse. Wo es nun besser ist, bleibt dahingestellt. Ich persönlich finde beides gleich ärgerlich und unsinnig: sowohl dem Mann als auch der Frau mehr Rechte als dem Gegenüber zuzuschreiben. Ungleichbehandlungen sowie Missstände sind in beiden Kulturen nicht zu verleugnen.

Stehen Eltern vor einer Scheidung oder Trennung, ändern sich Konstellationen. Das kann sehr schwer für alle Beteiligten sein. Die Angst davor, sein Kind zu verlieren, die Unsicherheit im Hinblick auf die Zukunft. Die Panik, nicht zu wissen, was dem Kind über dich kommuniziert wird, all diese Gefühle sind grauenhaft.

Du kannst der schlechteste Partner oder die schlechteste Ehefrau, aber gleichzeitig der beste Vater und die tollste Mutter sein.

Gerichtliche Scheidungen sind für alle Beteiligten eine zehrende Angelegenheit. Sobald Kinder im Spiel sind, wird es so richtig kompliziert und schmerzhaft. Ich finde es traurig, dass Frauen in Syrien oft darum bangen müssen, ihre Kinder weiter sehen zu können, wenn sie sich von ihrem Mann trennen wollen. Kein Wunder, dass die Scheidungsrate dort so niedrig ist, denn viele Frauen trauen sich schlichtweg nicht, den Schritt zu gehen und aus einer unglücklichen Ehe zu fliehen. Auch in Österreich und in der westlichen Welt im Allgemeinen gibt es immer wieder Geschichten von Eltern, die nur »der Kinder wegen« zusammenbleiben. Unglückliche Ehepartner sprechen ihre Frustration nicht an, Väter haben Angst, ihre Kinder zu verlieren.

Kinder als Druckmittel

Wer selbst Vater oder Mutter ist, weiß, welche Kraft in der Liebe zum eigenen Kind steckt. Nichts geht darüber hinaus, nichts gleicht dieser Liebe und dieser Verbindung und nichts kann einen Vater oder eine Mutter so sehr zerstören wie der Entzug dieser Verbindung. Dürfte ich meinen Sohn nicht mehr sehen, würde eine Welt für mich zusammenbrechen. Nichts auf der Welt wäre schmerzhafter für mich. Mit diesen Ängsten und Gedanken bin ich nicht allein. Ich kenne viele Frauen in Syrien, die in ihrem Leben viel bessere Chancen und mehr Glück erfahren hätten können, hätten sie sich von ihren Männern getrennt. Doch sie hatten Angst. Angst davor, ihre Kinder zu verlieren. Die Kinder werden als Druckmittel eingesetzt. Doch nicht nur in Syrien, auch in Österreich.

Denn hier stehen der Mutter oft alle Rechte zu, wenn es um das gemeinsame Kind geht. Der Vater muss um sein Recht und vor allem um das Recht des Kindes, Kontakt zu beiden Elternteilen zu haben, kämpfen. Ich führte mehrere Interviews mit Scheidungs- und Familienrechtsanwälten, und alle waren einer Meinung: Es soll sich endlich etwas ändern. Denn das österreichische Gesetz sieht die Rolle der Mutter als viel wichtiger als die des Vaters. Eine gesetzliche Änderung und mehr Diskurs sind hier dringend nötig. Ich habe das Gefühl, viele Politiker trauen sich nicht, dieses Thema anzusprechen. Zum Glück bin ich kein Politiker, sondern Künstler. Bei nicht verheirateten Paaren liegt die Obsorge des Kindes automatisch und ausschließlich bei der Mutter. Der Vater ist hier, rechtlich gesehen, bloß der Samenspender. Als Begründung, warum der Mutter eine wichtigere Rolle zukommen sollte als dem Vater, habe ich schon von mehreren Müttern gehört: »Ich habe das Kind in meinem Bauch getragen, also bin ich wichtiger und darf entscheiden.« Dieses Argument ist doch etwas fragwürdig, würden doch vor allem sehr konservative Männer genau dieses verwenden, um Frauen auf ihre Rolle als Mutter zu reduzieren. »Du hast das Kind in deinem Bauch getragen. Du bist die Mutter, also kümmere dich gefälligst allein um die Betreuung und Erziehung des Kindes.« Hier würden vermutlich viele Frauen aufschreien. Das Argument des »Im-Bauch-getragen-Habens« zählt also nicht. Ich möchte auf keinen Fall die unglaublich wichtige Rolle der Mutter kleinreden, denn

ich weiß, was für eine unbeschreibliche Stärke und Auf-
opferung diese Aufgabe einem abverlangt. Dennoch bin
ich der Meinung, dass endlich anerkannt werden muss,
dass beide Elternteile in gleichem Ausmaß wichtig für
die Entwicklung des Kindes sind. Nicht hauptsächlich
die Mutter. Und auch nicht hauptsächlich der Vater. Beide. In Österreich sind die Väter aber ganz klar im Nachteil. Ich hörte schon viele Geschichten von Männern,
die aufgrund ihrer Trennung oder Scheidung nicht nur
sehr viel Geld, auf das die Frauen ebenfalls Anspruch
zu haben scheinen, verloren haben, sondern vor allem
auch ihre Leichtigkeit und Freude. Denn es gibt nichts
Erschöpfenderes, als um das eigene Kind kämpfen zu
müssen. Inzwischen gibt es immerhin ein größeres An-
gebot an Männerberatungsstellen, bei denen sich Väter
Informationen und Tipps holen können, wenn sie um
den Kontakt zu ihrem Kind bangen müssen. Leider muss
man aber sehr lange auf einen Termin warten.

Kinder sollten kein Mittel für Vergeltung sein. Kinder
dürfen nicht dazu verwendet werden, dem Expartner
»eins auszuwischen« oder ihm gezielt Schmerzen zuzufügen, um die eigenen Schmerzen der Trennung zu
rächen. Dieses Verhalten ist oft die traurige Realität, die
weder den Eltern und schon gar nicht den Kindern Frieden bringt. Denn eigentlich sollten wir das alle für uns
und unsere Kinder anstreben. Frieden.

Das Leben danach

Eine Scheidung oder eine Trennung muss nicht immer im Rosenkrieg enden. Oft ist sie die einzige Möglichkeit, eine dysfunktionale Familie zu retten. Oft geht es nach der Scheidung sowohl den betroffenen Ehepartnern als auch ihren Kindern besser als zuvor. Denn ich bin nach wie vor der Meinung, dass eine Trennung immer besser ist als eine unglückliche Beziehung, egal ob Kinder im Spiel sind oder nicht.

Viele Menschen sehen das Ende einer Beziehung oder einer Ehe als Niederlage an. Sie denken, sie hätten versagt und im Spiel der Liebe bitterlich verloren. Sie fühlen sich, als wäre ein Projekt gescheitert. Dabei muss ein Ende nicht immer eine Niederlage sein. Ein Ende kann auch Stärke bedeuten. Die Stärke, sich einzugestehen, dass ein Lebensweg für eine Zeit lang gemeinsam funktionierte, nun aber besser allein bestritten werden sollte. Ein Ende kann ein Zeichen dafür sein, dass du gewachsen bist, dass du deinen Wert erkannt und deine Selbstständigkeit gefunden hast. Ein Ende kann aber auch ein Neuanfang sein, eine Chance für Harmonie und ein Grundstein für eine neue Art der Familie, eine neue Beziehung oder eine neue Lebenskonstellation.

Familienmodelle

Ähnlich wie es mittlerweile ausgefallene und einzigartige Beziehungsmodelle zwischen zwei oder mehreren Personen geben kann, so gibt es auch Familienmodelle, die auf den ersten Blick nicht der Norm entsprechen, aber oft besser als die klassischen Konstellationen zu funktionieren scheinen.

Begriffe wie »Patchwork-Familie« waren mir nicht bekannt, bevor ich nach Österreich kam. Aufgrund der geringen Scheidungsrate in Syrien kannte ich auch nicht gerade viele geschiedene Paare. In Österreich beobachtete ich allerdings familiäre Zusammensetzungen, die ich als sehr interessant und inspirierend empfand. Geschiedene Elternteile heiraten ihren neuen Partner oder ziehen mit ihm und den eigenen Kindern zusammen. Der neue Partner bringt auch Kinder mit und alle leben gemeinsam, als große Familie, zusammen. »Wie toll!«, dachte ich mir. Die Kinder bekommen neue Geschwister, neue Spielgefährten und die Eltern können ihre Liebe zueinander leben, ohne dafür auf das Beisammensein mit ihren Kindern verzichten zu müssen.

Auch gemeinsame Urlaube von geschiedenen Elternpaaren mit ihren jeweils neuen Partnern konnte ich beobachten und bewundern. Ich finde es toll, wenn alle Beteiligten erwachsen genug sind, um einzusehen, dass das Ende einer Liebesbeziehung nicht das Ende einer Familienbeziehung- und -bindung sein kann und darf. Familie ist mehr als die romantische Liebe der Eltern zueinander.

Familie bedeutet, da zu sein, wenn du gebraucht wirst, Familie bedeutet eine tiefe Liebe und Verbindung, die über Romantik oder gar den Bund der Ehe, weit hinausgeht.

Auch in Syrien kann es passieren, dass vor allem Männer nach einer Scheidung erneut heiraten und mit ihrer neuen Frau zusammenleben. Gibt es Kinder aus der vorherigen Ehe, werden hier oft Vereinbarungen getroffen, die den Beteiligten das Leben erleichtern sollen. Diese Vereinbarungen sehen dann beispielsweise so aus, dass das Kind bis zu seinem zwölften Lebensjahr bei der leiblichen Mutter lebt und danach beim Vater. In einer gemeinsamen Konstellation zusammenzuleben, Patchworkfamilien oder gar gemeinsame Urlaube mit jeweils neuen Partnern sind in Syrien gesellschaftlich unmöglich.

Mehr als eine Umstrukturierung

Eine Trennung oder eine Scheidung gehen oft mit strukturellen Veränderungen einher. Das Ende einer Ehe ist außerdem eine Vertragsauflösung, eine rechtliche Angelegenheit. Die Bürokratie, die Frage nach dem Unterhalt oder dem Sorgerecht im Falle gemeinsamer Kinder oder die Frage nach der neuen Wohnkonstellation überschatten oftmals die Trauer und den Schmerz, die mit einem Beziehungsende einhergehen. Denn wie der König der Traurigkeit richtig erkannt hat, gibt es kaum einen schlimmeren Schmerz als den Schmerz der unglücklichen Liebe.

LIEBESKUMMER

Die Kaffeesatzleserin (Wahrsagerin)
قارئة الفنجان

Abdel Halim Hafez

Ich habe es vorhergesagt.
Viel vorhergesagt und vorhergesagt,
aber ich habe es nie gesehen, mein Sohn,
Traurigkeit, die so war wie deine.
Dein Schicksal ist, für immer im
Meer der Liebe zu schwimmen, ohne Schiff.
Und dein Leben wird für immer sein.
Für immer Bücher der Tränen.
Dein Schicksal ist es, gefangen zu bleiben,
zwischen Wasser und Feuer.
Auch wenn es so wehtut, trotz deiner Missetaten,
trotz der Traurigkeit, die uns verfolgt,
Tag und Nacht, trotz des Windes,
trotz Regen und Sturm:
Die Liebe wird bleiben, mein Sohn,
die Liebe wird bleiben, mein Sohn.
Das beste Schicksal,
das beste Schicksal.
Oh, mein Sohn. Oh, mein Sohn.

Die Liebe und der Kummer. Irgendwie scheinen sie nicht voneinander trennbar zu sein. Denn wer liebt, erfährt mit großer Wahrscheinlichkeit auch Schmerz. Schmerz, der manchmal so groß ist, dass er auch körperliche Auswirkungen mit sich bringt. Schlaflosigkeit, Appetitlosigkeit, Unruhe. Wer kennt es nicht? »Doch er kann auch als Inspiration dienen«, spricht der Poet aus mir, denn ich schrieb schon das eine oder andere Gedicht über Liebeskummer.

Die Wüste der Zeit

Ich öffne dir das Fenster.
Die Leere atmet auf, in meinem Zimmer
und in dem Gedicht.
Wer bist du? Von wo bist du gekommen?
Und wo ging ich? Ich.
Der im Dazwischen steht.
Ist es das Schicksal des Fremden?
War ich der Fremde in der Liebe?!
»Der Krieg ist nicht mein Beruf«, sagt der Dichter.
Und ich sagte deinen Namen.
Dein Name ist Poesie, die nicht rezitiert wird.
»Die Liebe, so wie der Tod, ein Versprechen,
das nicht bricht und sich nicht auflöst.«
Sagt der Dichter.
Und die Geschichte sagt: Verabschiedung.
Wie sanft ist die Poesie?
Wie hart ist deine Sanftheit?
Der Dichter sagt: »Ich bin geboren,
um dich zu lieben.«
Sie sagt: »Ich bin geboren, um wegzugehen.«
Wer ist ehrlicher?
»Ach, wenn das Leben sich wiederholt
und ich wiederhole die Erinnerung.«
War sie dort? Waren wir zusammen?
Die Frage ist ein Fluch, der Menschen und der Liebe.
Und die Antwort ist wie eine Oase,
in der Wüste der Zeit.

Omar Khir Alanam, 2019

Das zerbrechliche Geheimnis

Wer meine Arbeit mitverfolgt, weiß, dass ich meine Kunst vielseitig ausübe. Ich bin Autor, Kabarettist, Poet und Speaker. Ich koche für die Gäste meines Küchenkabaretts und arbeite mit Jugendlichen in ganz Österreich im Zuge meiner Workshops. All diese Dinge tue ich mit Herz und Seele, denn ich brenne für meinen Beruf und die Botschaft des Friedens, die ich vermitteln möchte. Doch meine wahre Berufung, das was all meine Projekte verbindet, ist das Erzählen von Geschichten. Ich bin Geschichtenerzähler. So lernte ich es von meinen Großeltern. Und ich habe unzählige Geschichten zu erzählen. Geschichten über Krieg und Flucht, über das Ankommen und Weglaufen, über die Sprache und Kulturen, über Menschen und den Frieden. Über Träume und Visionen, und, wie du diesem Buch entnehmen konntest, über Sex, Liebe und zwischenmenschliche Beziehungen. Doch es gibt eine Geschichte, die ich wie einen zerbrechlichen Schatz für mich behielt. Eine Geschichte, die nur die wenigsten Personen, die mir sehr nahestehen, kennen. Eine Geschichte, die mich lange Zeit unglaublich belastete und mit Schmerz leben ließ. Ich schämte mich, und die Scham war die größte Qual. Nein, diese Geschichte hat nichts mit Krieg und Flucht zu tun, dennoch mit einer unvorstellbar brutalen Form von Gewalt. Ich würde sogar behaupten, dass diese Erfahrung traumatisierender war als alles, was ich bis zu meiner Ankunft in Österreich erlebt hatte. Denn obwohl sie bereits vier Jahre in der Vergangenheit liegt, kann ich erst heute über diese Geschichte sprechen. Sie war mein Geheimnis. Bis jetzt, denn nun möchte ich sie dir erzählen.

Das Herz will, was es will

Ich bin bestimmt nicht der erste Mensch, der sich von seiner Freundin trennte. Dennoch war meine Erfahrung an emotionalen Herausforderungen nicht zu übertreffen. Kurze Zeit, nachdem ich in Österreich angekommen war, verliebte ich mich. Wie sollte es auch anders sein? Ich liebte die Liebe und sehnte mich nach der Sehnsucht. Die Zeit, die ich mit dieser Frau verbrachte, war wundervoll und ich bin bis heute dankbar für all das Schöne, was ich mit ihr teilen durfte. Es lief gut, waren wir doch vier Jahre lang in einer Beziehung. Doch wie es nun mal so ist, merkte ich gegen Ende dieser vier Jahre, dass sich etwas in mir verändert hatte. Ich konnte mich in dieser Beziehung nicht mehr finden, fühlte mich fremd und nicht angekommen. Ich konnte mich nicht öffnen und hatte das Gefühl, nicht ganz ich selbst sein zu können. Immer, wenn ich es versuchte, hörte ich den Satz: »Ich dachte nicht, dass du so bist.«

Damals, als ich noch nicht an dem selbstsicheren Ort war, an dem ich mich jetzt mit mir befinde, machte dieser Satz unglaublich viel mit mir. Ich durfte nicht einfach nur Omar sein, sondern war immer auch der Geflüchtete, der Araber, der Muslim, der Romantiker, der Poet … Es waren so unglaublich viele Rollen und

Erwartungen, die ich erfüllen musste und die mich erschöpften. Rollen und Erwartungen, die vielleicht auch ich an mich selbst stellte. Ich hatte eine Kindheit und Jugend in einem erdrückenden System und viele Jahre der Gewalt und Flucht hinter mir. In Österreich hatte ich zum ersten Mal die Möglichkeit, über vieles zu reflektieren und mich weiterzuentwickeln. Diese Entwicklung passierte in kleinen Schritten und veränderte mich und auch mein Verständnis von Liebe. In der Öffentlichkeit erfüllte ich das Musterbeispiel der gelungenen Integration, im Privaten war es ähnlich. Ich spielte diese Figur des »perfekten« Geflüchteten, so wie es von mir erwartet wurde, doch der Omar, der einfach nur Mensch ist, durfte nicht mehr existieren.

Es quälte mich, mit diesen Gefühlen zu leben. Ich versuchte mehrmals mit meiner Partnerin über meine Unzufriedenheit und meinen Frust zu sprechen, einige Male gelang es mir sogar. Einmal war ich kurz davor, meinen Koffer zu packen und einfach zu verschwinden. Vermutlich ist die Entscheidung zu gehen eine der schwierigsten, die man treffen muss, vor allem, weil man die andere Person, die man ja trotzdem wertschätzt und liebt, keinesfalls verletzen möchte. Doch ich wusste, für mich führt kein Weg daran vorbei. Ich musste gehen, um zu mir und meinen Gefühlen zu stehen. Wie es nunmal so ist, dauerte es aber seine Zeit, bis ich den Mut fassen konnte, den Schritt der Trennung zu wagen.

Das kleine Wunder

Als ich für mich bereits die Entscheidung getroffen hatte, diese Beziehung nicht weiterführen zu können, passierte das, was für mich und auch für meine damalige Partnerin alles noch schwieriger und schmerzhafter machen sollte.

Eines Abends teilte mir meine damalige Freundin mit, dass sie schwanger war. Schwanger. Von mir. Der ich gerade erst die Entscheidung getroffen hatte, zu mir zu stehen und diese Beziehung so nicht weiterführen zu können. Schwanger, obwohl ich zuvor ganz klar formuliert hatte, dass ich zu diesem Zeitpunkt nicht bereit war, Vater zu sein. Obwohl mir meine damalige Partnerin zu einhundert Prozent versichert hatte, dass sie aus medizinischen Gründen, ohne einer bestimmten Behandlung, nicht schwanger werden konnte.

Als ich meiner Mutter am Telefon davon erzählte, fing sie an zu weinen und erzählte mir, dass auch ich wie durch ein Wunder, trotz Verhütung, entstanden war. Unter Tränen gestand sie mir, dass sie einen Topf gegen ihren Bauch geschlagen hatte, um mein Heranwachsen und Auf-die-Welt-Kommen zu verhindern. Sie war nicht bereit für ein weiteres Kind, stillte sie zu dieser Zeit doch noch ihren anderen Sohn und hatte eine kleine Tochter, und auch die Beziehung zu meinem Vater war gerade etwas schwierig. All diese Sorgen änderten aber nichts an ihrer Liebe zu mir.

Den genauen Grund, warum meine damalige Partnerin plötzlich, wie durch ein Wunder, doch schwanger wurde und unser Kind in ihrem Bauch trug, kenne ich nicht. Aber so ist es mit Wundern, man kann sie nicht erklären. Es war uns klar, dass wir dieses Wunder behalten werden.

Egal, was ich mache, es ist falsch

Kannst du dich in meine Situation hineinversetzen? Ich glaubte, ich müsse sterben. Denn eins wusste ich: Egal, was ich machen würde, es wäre falsch. Ich konnte es nur falsch machen, egal, welche Entscheidung ich traf. Wenn ich zu mir und meinen Gefühlen stehe, verletze ich diese wundervolle Person und zukünftige Mutter meines Sohnes, wenn ich nicht zu mir stehe, verletze ich mich selbst und in der Folge dadurch auch sie und mein ungeborenes Kind. Ich wollte ihr auf keinen Fall Schmerzen zufügen, wollte nicht, dass sie leidet und dass ich der Grund für ihre Tränen bin.

Während dieser belastenden Zeit reisten die Mutter meines Sohnes und ich in die Türkei, um meinen dort wohnhaften Bruder und seine Frau zu besuchen. Das Dilemma und der ständige Gedanke daran, zu gehen oder zu bleiben, die Sorge um die Konsequenzen meiner Entscheidung und die Angst, für meinen Sohn nicht da sein zu dürfen, erschöpften mich innerlich. So irrte ich eines Tages alleine durch die Gassen Istanbuls. Treibend. Suchend. Weglaufend vor dem Konflikt, den ich mit jedem Schritt mit mir herumtrug, als ich schließlich vor einem Schmuckgeschäft zum Stehen kam. Die Zerissenheit meiner Emotionen und der Wunsch, die Mutter meines Sohnes nicht zu verletzen, lagen schwer auf meiner Brust. Ich schluckte und zitterte, als ich das Geschäft betrat, um einen Verlobungsring zu kaufen. Mein Herz wusste, dass es nicht die richtige Entscheidung war. Doch mein Gewissen meinte, es wäre das einzig Richtige. Für unseren Sohn. Als ich zurück ins Hotelzimmer kam, fragte ich sogleich, ob sie mich heiraten wollte. Sie sagte ja.

Nach der Verlobung führte ich zwei Monate lang innere Kämpfe mit mir. Den Kampf zwischen Herz und Kopf. Zwischen Sehnsucht und Schmerz. Ich musste mir eingestehen, dass ich es nicht schaffte, mich in dieser Rolle zu finden.

Diese Tage waren die dunkelsten meines Lebens und ich erlitt unbeschreibliche Qualen. Ich stand vor einem zermalmendem Dilemma. Doch die Entscheidung, die ich bereits vor der verkündeten Schwangerschaft getroffen hatte, fühlte sich unumgänglich an. Nun, durch das ungeborene Kind, aber in gleichem Maße auch falsch. Doch es geht nie um Richtig oder Falsch. Es geht immer vor allem darum, was dein Herz dir sagt. Ich wusste, dass ich mich beim Versuch, andere zu beschützen, selbst so sehr verletzen würde, dass ich am Ende weder sie noch mich schützen könnte.

Also trennte ich mich von meiner damaligen Partnerin, der Mutter meines Sohnes, während der Schwangerschaft. Heulend und nach Luft schnappend, erklärte ich ihr meine Gefühle und dass es mir einfach nicht möglich war, weiterhin mit ihr in einer romantischen Beziehung zu leben. Ich glaube, ich habe noch nie zuvor und nie mehr danach so sehr geweint wie an diesem Tag. Meine größte Angst war, dass ich durch meine Entscheidung das Recht, meinen Sohn zu sehen, verlieren würde. Denn auch wenn ich zu dieser Zeit keine Kinder wollte, da ich doch damals ohne Staatsbürgerschaft jederzeit abgeschoben werden hätte können, so liebte ich meinen Sohn über alles. Immer und von der ersten Sekunde an. Ich lief nicht vor meinem Sohn oder der Verantwortung des Vaterseins weg, sondern vor dieser Beziehung, zu der ich nicht mehr stehen konnte und in der ich nicht mehr das geben konnte, was die andere Person von mir gebraucht hätte. Mein Sohn war nicht der Grund für die Trennung. Ganz im Gegenteil. Mein Sohn war der Grund, warum ich später, trotz meiner Schmerzen und meines Unglücks, versucht habe zu bleiben. Erfolglos. Davon werde ich dir gleich erzählen.

Außerdem waren wir, obwohl ich die Beziehung schon während der Schwangerschaft beendet hatte, zu dieser Zeit trotzdem nicht so richtig getrennt. Weder emotional noch räumlich. Und so wohnten wir auch mehrere Monate nach der Trennung noch zusammen.

Und plötzlich war ich ganz

Falls du denkst, mehr Kummer kann es in der Liebe doch gar nicht geben, dann irrst du dich. Die Situation, in der ich mich befand, war bereits tragisch und forderte viele Tränen und schlaflose Nächte. Doch dann passierte noch etwas Unerwartetes. Kurze Zeit, nachdem ich mich schweren Herzens von meiner schwangeren Partnerin getrennt hatte, verliebte ich mich.

Geben wir ihr den Namen Melati, indonesisch für »Jasminblume«. Genau wie ich hatte sie ihre Kindheit und Jugend in einem anderen, stark islamisch beeinflussten Land verbracht und war erst als junge Erwachsene nach Österreich gekommen. Ich verliebte mich so schnell und unerwartet in sie, dass ich es bis heute nicht erklären kann. Es war, als würden genau die richtigen Finger auf dem richtigen Instrument spielen, sodass Töne entstanden, die einfach nur magisch waren. Durch Melati konnte ich sehr viel über mich lernen. Dinge, die ich mich bis dato gar nicht getraut hatte, an mir wahrzunehmen, waren mir wie durch Zauberhand plötzlich unbeschreiblich sichtbar und klar. Mit ihr fühlte ich mich ganz. Vor ihr musste ich nichts verheimlichen, nichts verstecken. Es war, als würden die Vergangenheit und die Gegenwart zu einem Ganzen zusammenschmelzen und plötzlich Sinn ergeben. Ich spürte das Kind in mir genauso wie den Mann, zu dem ich geworden war. Bei ihr hatte ich keine Schwierigkeiten, offen und ehrlich von mir zu erzählen, denn ich fühlte nie, kein einziges Mal, dass sie über mich urteilte. Weder über meine Ängste noch über meine Erfahrungen, meine Sexualität, meine Fantasien oder meine Träume.

Sie konnte mir geben, was mir zu diesem Zeitpunkt keine andere Frau hätte geben können: meine Vergangenheit. Wir beteten und weinten zusammen. Sie hörte Lieder, die ich aus meiner Jugend in Syrien kannte und schon seit Jahren nicht mehr gehört hatte. Sie kannte die gleichen Konflikte wie ich. Die Zerrissenheit zwischen dem, was war und dem, was ist. Sie verstand sehr viel von dem, was ich nicht einmal zu erklären versuchte. Sie verstand es nicht nur, sie fühlte es mit, sie erlebte es.

Nun war ich also frisch getrennt, werdender Vater und außerdem Hals über Kopf verliebt. Diese Zeit war unbeschreiblich schmerzhaft und erdrückend für mich. Denn obwohl ich eigentlich von der Mutter meines Kindes getrennt war, musste ich meine Liebe zu der anderen Frau, aus Angst, mein Kind zu verlieren oder seine Mutter noch mehr zu verletzen, trotzdem vor ihr geheim halten. Ich musste schweigen. Das war das Allerschlimmste in dieser Phase. Zu verstecken, dass ich liebte. Denn genau das tat ich. Ich liebte. Ich tat niemandem Gewalt an, bestahl niemanden, ich liebte lediglich. Doch das durfte ich nicht. Da war es wieder, das Muster, das ich aus Syrien kannte. Pssst. Nicht reden. Geheim halten. Vor der Gesellschaft. Der Familie. Dem Diktator. Es ist *haram*. Also schweige. Ich war ein erwachsener Mann, der nicht reden durfte. Weil ich es mir selbst verboten hatte, aus Angst vor den Konsequenzen. Aus Angst davor, ohne meinen Sohn leben zu müssen. Aus Angst davor, was die Leute über mich sagen würden.

Nach der Geburt meines Sohnes, bei der ich anwesend war, traf ich erneut eine Entscheidung, die mir sehr schwerfiel. Nun war es nicht mehr so, dass ich meinen Sohn nur im Bauch einer anderen Person spürte. Nun konnte ich in seine wunderschönen braunen Augen schauen und ihn in meinen Armen halten. Dieses großartige kleine Wunder! Mit jedem Tag und jedem weiteren Schritt in seiner Entwicklung wurde meine Angst größer, ihn zu verlieren. Davor, dass mir der Kontakt zu ihm verboten würde. Die Angst wuchs, genauso wie mein Schmerz wegen meiner Liebe zu Melati, denn ich wollte, dass sie Teil meines Lebens ist. Doch ich wusste, dass beides nicht möglich war. Also traf ich eine Entscheidung.

Das »egoistische Arschloch«

Ich entschied mich gegen Melati und für mein Kind und diese Familie. Ich beschloss unter Tränen, diese tiefgehende Verbindung zu beenden und zurückzukehren. Das süße Geheimnis der Liebe zu Melati behielt ich lange Zeit für mich, denn ich war der Meinung, niemand außer mir hatte das Anrecht auf dieses Wissen, war ich doch ein getrennter Mann, als ich diese Liebe lebte. Doch irgendwann musste ich davon erzählen, denn ich wurde förmlich mit Fragen bombardiert. Diese Zeit fiel mitten in den ersten, sehr strengen Corona-Lockdown. Auch wenn ich versuchte, vor den Fragen und dem Gespräch wegzulaufen, gelang es mir nicht, denn die gemeinsame Wohnung war zu klein, um auszuweichen. Schließlich erzählte ich der Mutter meines Kindes von meinem schmerzlichen Geheimnis. Von der Liebe und meinen Tränen.

Nachdem ich die Wahrheit ausgesprochen hatte, wurde für mich alles noch schlimmer, denn von nun an war ich der Täter, der alles versuchte und alles mitmachte, nur um zu beweisen, dass er doch gut war.

In meiner Vergangenheit in Syrien hatte ich, als ich von Milizen entführt, gefoltert und gequält wurde, eine Nahtoderfahrung gemacht. Ich dachte damals wirklich, ich wäre gestorben, und war unglaublich erleichtert, als ich doch lebendig durch die Haustür meines Elternhauses trat und in die Arme meiner Mutter fiel. In dem Moment des vermeintlichen Sterbens waren die einzigen Gedanken, die ich hatte, was ich alles schlecht und falsch gemacht hatte. Welche geliebten Menschen ich mit meinen Taten verletzt hatte. Mein Aufwachsen mit einschüchternden Erziehungsmethoden, mit der Sünde und der Hölle, der Schuld und der Vergebung, spielten hier mit rein.

Nun war ich wieder in der Rolle desjenigen, der etwas falsch gemacht hatte. »Du bist der Schmerz meines Lebens.« »Ich verzeihe dir nie.« Mir war natürlich immer bewusst, dass ich nicht der Einzige war, der in dieser Zeit Qualen erlitt. Dieses Wissen war auch ein großer Teil meiner Schmerzen. Ich konnte mich stets in die Verletztheit der Mutter meines Sohnes hineinversetzen, konnte ihren Schmerz immer sehen und verstehen. Für mich war diese Zeit unerträglich, doch für sie war sie bestimmt mindestens genauso bedrückend. Dass ich dafür verantwortlich war, tut mir bis heute leid. Ich habe es bereits mehrmals getan und tue es hier aus tiefster Seele noch einmal: Mich von ganzem Herzen dafür entschuldigen.

Durch die Augen der Verletztheit

Weißt du, was das Schlimmste ist, das man sich selbst antun kann? Die Meinung des anderen über sich selbst zu übernehmen. Irgendwann begann ich, mich durch ihre Augen der Verletztheit wahrzunehmen. Das Bild, welches sie von mir hatte, wurde zum Bild, das ich von mir selbst hatte. Das »egoistische Arschloch«. Der »Schmerz des Lebens«. Leider fällt man schneller in dieses Loch, als man sich vorstellen kann, und es ist unbeschreiblich schwierig, da wieder rauszukommen. Wenn du beginnst, dich durch die Augen anderer wahrzunehmen, bist du nur noch Protagonist in ihrem Theaterstück. Du reduzierst dich auf die Realität einer anderen Person, die mit dir und deiner Realität wenig zu tun hat.

Familie mit neuer Konstellation

Ich kehrte zurück. Für meinen Sohn. Doch die Liebe zu ihm reichte nicht aus, um die Beziehung zu seiner Mutter zu retten. Es war ein langes Hin und Her, ein *On* und *Off*, bis es dann ein paar Monate später zu einer tatsächlichen, auch räumlichen Trennung von der Mutter meines Sohnes und mir kam.

Als sie auszog, zog sie in eine Wohnung gleich neben meiner ein. Wir hatten die Wohnungsschlüssel des jeweils anderen, sahen uns beinahe täglich und verbrachten noch in den darauffolgenden Jahren mehrere Urlaube miteinander. Ich war bereit, mich auf jede Konstellation, auf jedes Konzept einzulassen, nur um meinem Sohn nahe sein zu können. Seine Mutter und ich wollten für unseren Sohn das klassische »Trennungsaufwachsen« vermeiden, ihm ein Familiengefühl und den ständigen Kontakt zu beiden Elternteilen ermöglichen. Denn wenn ich an meine Kindheit zurückdenke, war das immer mein größter Wunsch. Obwohl meine Eltern immer zusammen waren, hatte ich in sehr vielen Momenten nicht dieses Gefühl der Familie.

Nach außen hin schien diese Konstellation, in der mein Leben und das der Mutter meines Sohnes trotz Trennung sehr eng miteinander verstrickt waren, gut zu funktionieren. Oftmals bekamen wir Komplimente für unsere Art der Familienführung. Doch für mich war diese Zeit auch mit viel Druck verbunden, denn selbst wenn keine partnerschaftliche Ebene mehr bestand, wurden Erwartungen aneinander gestellt und Urteile gefällt. Ich stimmte vielem zu, dem ich heute nicht mehr zustimmen würde, nur um zu beweisen, dass ich doch gut war. Nicht das egoistische Arschloch und nicht der Schmerz des Lebens.

Ich konnte mich befreien

Was von all dem geblieben ist, ist definitiv ein Trauma. Heute fällt es mir schwer, mich auf einen Menschen einzulassen, eine Beziehung einzugehen und diese als solche zu betiteln, da ich mit der Angst hineingehe, die andere Person zu verletzen. Wahrscheinlich führt genau diese Angst dazu, dass ich es dann tatsächlich tue. Andererseits konnte ich aber auch viel Positives und Schönes aus dieser so schmerzlichen Situation mitnehmen. Ich lernte mich viel besser kennen und lernte, zu mir zu stehen. Allein dass ich diese Geschichte, die so lange mit Schuld und Scham in Verbindung stand, erzähle, ist für mich ein unbeschreiblich großer Schritt, der mich stolz macht. Ich nehme mich viel intensiver wahr und verstehe die Konflikte, die durch mein Leben im Dazwischen entstanden sind, besser. Ich weiß, was ich will und was ich nicht will. Was ich brauche und was ich nicht brauche.

Auch die Erkenntnis, nicht perfekt zu sein, ist ein bereicherndes Ergebnis dieser Erfahrung. Denn ich mache Fehler und kann trotzdem zu mir stehen. Ich sehne mich nicht mehr nach der Bestätigung oder der Vergebung anderer und konnte mich von dem Gefühl der Schuld befreien.

Jede Herausforderung, die man meistert,
bringt einen an einen neuen Ort seiner selbst.

Man lernt und wächst. Vor allem auch an den Schmerzen. Außerdem erkenne ich mehr und mehr, wie sehr ich meinen Sohn liebe. Diese Liebe war und ist jeden Schmerz, jede Träne und jede schlaflose Nacht wert. Er ist für mich das allerwertvollste Geschenk!

Was ich mir für die Zukunft wünsche

Alles, was ich mir für die Zukunft wünsche, ist Frieden. Ich möchte regelmäßigen Kontakt zu meinem Sohn haben, ohne Angst haben zu müssen, dass er mir am nächsten Tag untersagt wird. Ich wünsche mir, dass die Befindlichkeiten der Eltern keinen Einfluss auf den Kontakt zum gemeinsamen Kind haben. Dass ich nicht darum betteln muss, mit ihm Zeit verbringen zu dürfen. Ich möchte Ordnung, klare Strukturen und Grenzen.

Außerdem will ich mich nie mehr durch meine Ängste manipulieren lassen. Von nun an möchte ich zu mir stehen. Zu meinen Gefühlen und zu meinen Fehlern. Denn ich bin, wie ich bin. Es funktioniert nicht, sich zu verstellen oder sein wahres Ich zu verstecken, um es anderen Menschen recht zu machen. Am Ende sind wir alle nur Menschen. Menschen mit ganz eigenen Geschichten.

SPRACHE ALS WERKZEUG DES FRIEDENS

Die Geschichte der Liebe

سيرة الحب

Umm Kulthum

Auf dieser Welt gibt es absolut
nichts Süßeres als die Liebe.
Wir werden müde, wir leiden, wir beschweren
uns darüber, aber wir lieben immer noch.
Oh, wie schön sind das Herz und seine Seufzer
bei der Wiedervereinigung und der Trennung.
Und die Kerzen der Sehnsucht,
wenn sie die Nacht des Liebenden erhellen.
Oh, wie schön ist die Welt und ihre Süße
in den Augen der Verliebten.
Die Liebe hat mich ergriffen,
ich habe mich verliebt, mich verliebt,
und bei Nacht und bei Tag stehe ich
vor der Tür der Liebe.

Ich bin kein Liebesexperte, kein Paar- oder Sextherapeut, kein Beziehungsprofi und auch kein *Love Doctor*, auch wenn ich in der Vergangenheit als solcher bezeichnet wurde. Das Schreiben der Liebesbriefe für andere habe ich schon lange hinter mir gelassen. Nun schreibe ich meine Liebesgedichte nur noch für mich und meine Liebsten.

Doch ich bin ein Mann mit vielen Erfahrungen, die ich in unterschiedlichen Ländern und Kulturen sammeln durfte, und ich bin ein Beobachter. Zuhörender Beobachter und beobachtender Zuhörer. Der, der im Dazwischen lebt und von vielen Seiten ein paar Geschichten zum Erzählen mitnehmen durfte. Die Liebe ist das, was mich, genau wie wahrscheinlich jeden anderen Menschen auf dieser Welt, am meisten beschäftigt und zum Nachdenken anregt. Ist sie doch undefinierbar und so vielfältig, dass in keinem Buch dieser Welt ausreichend Seiten und Wörter zu finden sind, um all ihre Formen und Erscheinungen erwähnen oder beschreiben zu können. Ihre Vielfältigkeit ist das, was die Liebe so unbeschreiblich schön macht und manchmal auch gleichermaßen kompliziert. Denn sie kann uns nicht nur Zufriedenheit und Wärme schenken, sondern manchmal auch Druck und Tränen.

Das Gefühl, nicht offen sprechen, leben und lieben zu dürfen, so, wie es für einen selbst richtig ist, kann große Qualen mit sich bringen. Werden wir aufgrund gesellschaftlicher, familiärer oder religiöser Erwartungen und Vorstellungen daran gehindert, nach unserer eigenen

Natur zu leben und zu lieben, so entstehen Probleme bei der Selbstwahrnehmung, der Zufriedenheit und der Selbstliebe.

Sich selbst finden

Bevor wir uns auf die Liebe zu einer anderen Person einlassen können, müssen wir lernen, uns selbst zu lieben. Wir müssen lernen, zu uns, unseren Wünschen und Vorstellungen, Vorlieben und Fehlern zu stehen. Das musste auch ich erst auf einem langen Weg des Scheiterns lernen. Um zu uns stehen zu können, müssen wir uns aber erstmal verstehen. Denn wie soll ich zu meinen Vorlieben stehen, wenn ich sie gar nicht kenne? Das Verstehen des eigenen Selbst ist das Ergebnis vieler Erfahrungen und des Ausprobierens, des Fehlermachen-Dürfens und des Wieder-von-vorne-Anfangens. Denn so ist es im Leben und in der Liebe. Man findet sich und man verliert sich wieder. Wenn man denkt, man wäre angekommen, ist es Zeit weiterzugehen. Wenn man geht, kommt man irgendwann irgendwo an. Und manchmal kann man einfach bleiben.

Ich bin Friedensbotschafter.

Viele Menschen, denen ich auf meinem Weg begegnen durfte, bezeichneten mich als Friedensbotschafter. Ich sage Menschen nie, wie sie leben sollen und ich urteile über niemanden, vielmehr verbreite ich gerne ein

Grundgefühl des Friedens und der inneren Zufriedenheit. Egal ob ich an Schulen in den verschiedensten Ecken Österreichs einen Vortrag halte, Freude mit den Gästen meines Küchenkabaretts in Wien und Graz erlebe oder meine Gedanken hier auf diesen Seiten mit dir teile. Mein Ziel ist es, Frieden und Verständnis zu verbreiten. Doch um Frieden in die Welt hinaustragen zu können, muss man erst einmal den eigenen inneren Frieden finden. Und das beginnt damit, so zu leben, wie man es möchte, ohne dabei die Grenzen einer anderen Person zu überschreiten oder nicht wertzuschätzen.

Steh zu dir selbst

Als ich zu einer Lesung in Tirol eingeladen war, lernte ich Hannelore kennen. Ursprünglich ist sie Deutsche, lebt nun aber schon lange in Tirol. Für die Liebe, ihren Helmut, zog sie vor vielen Jahren nach Innsbruck. Heute ist Hannelore achtzig Jahre alt, wobei man ihr dieses Alter kaum ansieht. Mit ihren strahlenden Augen, ihrer Empathie und Herzlichkeit versprüht sie ansteckende Freude. Sie ist ein Freigeist und lebt so, wie es sie glücklich macht. Sie ist das pure Leben. Sich dem klassischen Bild der Familie, das Frauen auch heute oft noch unausweichlich in die Mutterrolle zwingt, widersetzend, entschied sich Hannelore dazu, keine Kinder zu bekommen, sondern sich ihren eigenen Träumen und Zielen hinzugeben. Und natürlich ihrem leider inzwischen verstorbenen Helmut.

Aber auch Hildegard, eine Bekannte von Hannelore, die ich während meines Aufenthalts in Tirol letzten Sommer kennenlernen durfte, überraschte mich mit ihrer Lebensfreude. Sie ist im selben Alter wie Hannelore und lebt in Assling, einem kleinen Ort in Tirol. Für mich einer der schönsten Orte, denn die Asslinger sind die freundlichsten Menschen, die ich bis jetzt kennenlernen durfte. Hildegard lud mich zu sich nach Hause ein. Dort fühlte ich mich sofort wie bei Oma. Sie stellte mir Süßigkeiten, Leckereien, Kekse und Gebäck auf den Tisch und ermutigte mich ständig, zuzugreifen. »Omar, willst du das? Hier nimm ein paar Kekse. Omar, iss doch noch ein wenig.« Sie selbst widmete ihr ganzes Leben der Familie, hat Kinder und auch Enkelkinder, von denen sie stolz erzählte. In der ganzen Wohnung waren Fotos der Familie zu finden.

Nun sehe ich diese beiden inspirierenden Damen nebeneinander sitzen. Die eine zieht mit ihrem Wohnmobil durch die ganze Welt, die andere verlässt Assling kaum und wenn, dann nur sehr ungern. Die eine hat Kinder, Enkelkinder, eine große Familie, wählte den vielleicht konventionelleren Weg. Die andere ist kinderlos, widmete sich dem Lernen und Reisen und vor allem eben sich selbst. Beide sind zufrieden mit ihren völlig unterschiedlichen Lebenswegen. Beide Frauen wählten den Weg, der für sie selbst richtig erschien, beide ließen sich nicht beirren und standen zu ihren Entscheidungen. Ihre unterschiedlichen Wünsche und Vorstellungen, Erfahrungen und Träume stehen nicht zwischen ihnen, sondern verbinden sie zu lieben Freundinnen.

Das Wichtigste ist, zu sich selbst zu stehen, egal welchen Lebens- und Liebesweg man wählt. Man muss sein Leben für sich selbst leben, nicht für den Partner, die Eltern, die Gesellschaft oder allein für die Kinder. Auch wenn andere Personen einen vollkommen anderen Weg wählen als wir selbst, einen Weg, den wir manchmal vielleicht gar nicht nachvollziehen oder verstehen können, so sollen wir ihn zumindest akzeptieren. Denn was mich glücklich macht, muss dich nicht glücklich machen und umgekehrt.

Wir alle sollten uns ein Beispiel an Georg, Katja und Franzi, an Lilly und an Hannelore und Hildegard nehmen, die nach ihren eigenen Vorstellungen leben und nach ihrem Herzen lieben. Egal ob in einem Modell der Dreiecksbeziehung, in einem Leben mit Ehemann und Kindern oder kinderlos als Weltenbummlerin. Folgen wir unserem Inneren und nicht den Erwartungen und Vorgaben anderer, so können wir am Ende unseres Lebens erfüllt und zufrieden auf unsere Jahre und unsere Entscheidungen zurückblicken.

Die Doppelmoral

Würde die Welt nur aus Menschen bestehen, die die Vielfalt der Liebe zu schätzen wissen, wäre sie vermutlich eine friedlichere. Leider gibt es aber viele, die Druck auf die Liebe ausüben. Gesetze, gesellschaftliche Normen, kulturelle Vorgaben und das Konzept von Schuld und Scham machen es uns oft unmöglich, unserem Herzen und unserer Natur des Liebens zu folgen. Manipulation und Angst sind kein guter Nährboden für die Liebe. Und wo die Liebe nicht wachsen kann, da wächst auch kein Frieden.

Im Zuge meiner Workshops arbeite ich mit Jugendlichen in ganz Österreich. Vor kurzem unterhielten wir uns bei einem Workshop in Oberösterreich über das Thema Gleichberechtigung. »Gehören Frauen eurer Meinung nach in die Küche?«, fragte ich erst einmal die Burschen. »Wenn der Mann genug verdient, dann warum nicht. Für die Frauen ist das doch sicher chillig«, antwortete einer von ihnen. Auch die anderen Jungs schienen sich einig zu sein und es normal zu finden, dass die Frau die Hausfrauenrolle übernehmen soll. Sie fänden es viel besser, würde sie nach der Arbeit ein aufgeräumtes Zuhause mit dem Essen auf dem Tisch erwarten. Im Anschluss fragte ich die Burschen, was sie von der arabischen Mehrfrauenehe hielten. »Nein, das geht nicht, die armen Frauen. Die Männer unterdrücken sie und bestimmen über ihr Leben!«, war der generelle Tenor. Als ich die anwesenden Mädels nach ihrer Meinung zu den Antworten der Burschen befragte, waren diese unzufrieden. Auch wenn sich manche ein Leben als Hausfrau vielleicht vorstellen würden können, was ich übrigens ganz und gar nicht verwerflich finde, so waren sie dennoch von der generellen Annahme und Selbstverständlichkeit der Burschen schockiert.

Nicht nur bei dem Workshop in Oberösterreich, bei vielen in ganz Österreich verlaufen die Diskussionen ähnlich, wenn ich während eines Workshops das Thema Geschlechterrollen aufgreife. Dieses Beispiel spiegelt die Gesellschaft gut wider, wie ich finde. Einerseits werden andere Kulturen und Gesellschaften verurteilt, selbst wird aber nicht vor der eigenen Haustüre gekehrt. Manche Österreicher verurteilen die Araber gerne für ihre vermeintliche Frauenfeindlichkeit, aber auch hierzulande gibt es Tendenzen und konservatives Gedankengut, denken wir allein an das Phänomen der alten Männer oder die vielen Frauenmorde. Umgekehrt schimpfen die Araber über die Europäer und ihre Freizügigkeit, obwohl es dort ebenso Massagen, Kabaretts, Kellercafés, Spermaberge und befristete Ehen, die lediglich der Auslebung sexueller Triebe dienen, gibt. Du siehst, es gibt überall Standards, die nicht mehr als eine Doppelmoral sind. Ich denke, weder die Syrer noch die Österreicher können reinen Gewissens von sich behaupten, offen, tolerant und gerecht zu sein, wenn es um die verschiedenen Aspekte der Liebe, egal ob auf emotionaler oder körperlicher Ebene, geht.

Stetiger Wandel

Zum Glück ist nicht immer alles schwarz oder weiß, richtig oder falsch. Vor allem nicht in der Liebe. Die Welt befindet sich im Wandel und ist auf einem guten Weg, das anzuerkennen. Menschen, die öffentlich über ihre persönlichen Liebesmodelle sprechen, Personen, die sich trauen, gegen den Strom zu schwimmen und zu ihren Gefühlen zu stehen, sind wichtige Teile dieser Bewegung, die hoffentlich zu mehr Toleranz und Akzeptanz führen wird. Sie sind Pioniere. Egal ob in der arabischen oder in der österreichischen Kultur, die Tendenz bewegt sich in Richtung Offenheit und weg vom Zwang. Meine Generation konnte bereits einiges aus den Fehlern ihrer Eltern lernen. Hoffentlich können wir auch unseren Kindern die richtigen Werte weitergeben.

Bildung ist, auch wenn die Liebe eigentlich ein Gefühl ist, ein wichtiges Werkzeug, wenn es um Verständnis und Toleranz und vor allem auch die eigene Sexualität geht. Die neuen Medien verzerren oft unser Selbstbild und unsere Wahrnehmung von Liebe. Falsche Vorstellungen von Romantik und Zweisamkeit und unrealistische sexuelle Inhalte können nachhaltige Schäden, vor allem bei unseren Jüngsten, hinterlassen. Ebenso spielen der gesellschaftliche Druck und die manipulativ eingesetzte Angstmache in manchen Gesellschaften eine große Rolle, wenn es um das Ausleben und das Verstehen der eigenen Bedürfnisse geht. Nur mit Bildung, einem offenen Diskurs und der reflektierten Auseinandersetzung mit Medien können wir den Problemen der heutigen Gesellschaft, wenn es um das schönste Gefühl der Welt geht, entgegenwirken. Ich spüre, dass wir auf einem guten, aber noch weiten Weg sind.

Öffne dich

Nun, ich stehe nicht vor dem berüchtigten Eingang zur Höhle, in der die vierzig Diebe einen Schatz versteckt haben sollen, und versuche mir so wie Ali Baba mit einem »Sesam, öffne dich« Zugang dazu zu verschaffen. Nein, ich versuche kein magisches Tor zu öffnen, sondern will Menschen dazu ermutigen, sich selbst zu entfalten und zu sich selbst zu stehen. Nicht ein magischer Spruch, sondern Kommunikation ist der Schlüssel zur Liebe. Um in der Liebe zu bestehen, braucht es nämlich die Bereitschaft, sich selbst zu verstehen, sich zu öffnen und sich gegenseitig zuzuhören.

Wer sich nicht völlig öffnet,
kann nie wirklich ankommen.

Der Grund für das Versagen vieler Beziehungen ist oft fehlende Kommunikation. Missverständnisse, unausgesprochene Sorgen, Wünsche und Bedürfnisse sowie die Angst davor, beurteilt zu werden, können selbst zwischen das perfekteste Paar einen Keil treiben.

Ich selbst hatte in der Vergangenheit große Schwierigkeiten, mich vor meinen Partnerinnen zu öffnen. Das Schweigen und Verstecken, das ich in meiner Kindheit und Jugend in Syrien gelernt hatte, prägte mich bewusst und unbewusst. Die Stimme von außen, egal ob die der Scham oder die der Schuld, die der Erwartungen oder der Vorstellungen, sprach lange Zeit so laut zu mir, dass ich meine eigene, innere Stimme gar nicht hören konnte. Doch die Stimme von außen kennt dich nicht. Nur du kennst dich und weißt, was für dich das Richtige ist.

Die Sprache ist das wichtigste Werkzeug des Friedens

Das Wichtigste ist, aufeinander Rücksicht zu nehmen und respektvoll miteinander umzugehen. Nur durch ehrliche und offene Kommunikation können wir uns einander mitteilen und besser verstehen, unsere Wünsche, Bedürfnisse und vor allem auch Grenzen kommunizieren.

Die Liebe ist bewundernswert

Als ich 2013 Syrien und meine Familie verließ, wusste ich nicht, ob ich sie jemals wiedersehen würde. Zehn Jahre später, im August 2023, fand dann endlich die langersehnte Wiedervereinigung statt. Wir trafen einander für nur wenige Tage in Jordanien, länger war es leider nicht möglich, doch in diesen Tagen erlebten wir unzählige wundervolle Momente miteinander. In dieser Zeit wurde mir auch sehr bewusst, dass ich mich und dass sich auch die Beziehung zu meinen Eltern in den langen Jahren der Trennung stark verändert hatte. Ich war erwachsen geworden, hatte viel erlebt und viel gesehen, war sogar selbst Vater geworden! Ich war nicht mehr der naive junge Bursche, der Syrien damals verlassen hatte. Ich war ein Mann mit vielen Geschichten, Narben und einem bis oben hin mit Liebe gefüllten Herzen.

»Wenn du älter bist, wirst du es verstehen«, hatte mein Vater oft zu mir gesagt, als ich noch ein Jugendlicher war und versuchte, mehr über die Beziehung meiner Eltern, ihre Probleme und Streitigkeiten zu erfahren. Wir hatten nie eine gute Gesprächsbasis, tauschten uns nie wirklich aus und auch mit meinen Anliegen konnte ich nicht zu ihm kommen. Nun, viele Jahre später, saßen wir nebeneinander auf zwei Schaukeln im Garten unserer Unterkunft in Jordanien. Bis vier Uhr in der Früh saßen wir dort, leicht hin- und herschwingend, und er erzählte mir aus seiner tiefsten Seele. Geschichten, die niemand sonst jemals gehört hatte. Geschichten über die Liebe, über den Schmerz und über Sehnsüchte. Sogar die eine oder andere wilde Geschichte war dabei. Fünf Stunden schaukelten wir nebeneinander und sprachen über das Leben und die Liebe. Noch nie hatte ich mich meinem Vater näher gefühlt. Noch nie zuvor hatte ich ihn besser verstehen können.

Meine Eltern sind nun seit fast vierzig Jahren verheiratet und haben viel gemeinsam durchlebt. Die Geschichte ihrer Verkuppelung kennst du bereits, doch auch in den darauffolgenden Jahren ist vieles passiert. Sie führten ihr Leben gemeinsam, zogen fünf Kinder groß, verloren zwei weitere, noch bevor sie das Licht der Welt erblickt hatten, hatten sich dreimal getrennt und waren doch immer wieder zusammengekommen. Krieg, Zerstörung, Umzug. Söhne, die das Zuhause verlassen und in die Fremde ziehen mussten. Enkelkinder, die sie noch nie gesehen haben. Ja, es gibt einiges, was sie miteinander verbindet, doch eines hatten sie dennoch nie wirklich geschafft. Sie hatten nie miteinander geredet. Nie so richtig. Meistens hatten sie mehr nebeneinander als miteinander gelebt.

Dort saßen wir nun, in Jordanien, zehn Jahre, nachdem ich mich von meinen Eltern verabschiedet hatte, und sie erzählten mir von ihren Sorgen und Wünschen als Paar. Da war er wieder, Omar, der *Love Doctor*, denn in diesem Moment kam ich mir tatsächlich vor wie ein Therapeut. »Sag ihr das! Und sag ihr das …«. Mein Vater war froh über den Mediator, den ich darstellte und nützte die Chance, seiner Frau so einiges mitzuteilen. Dinge, die ihn störten, Dinge, die er sich wünschte und Dinge, die er an ihr schätzte. Sogar ihre gemeinsame Sexualität sprachen die beiden an. Vor mir und voreinander! Auch wenn es meiner Mutter anfangs etwas unangenehm war, so ließ sie sich dennoch darauf ein. Ich lernte meine Eltern ganz neu kennen. Nicht nur als Mama und Baba, sondern als Menschen mit Bedürfnissen und Sorgen. Als Paar, das es von Anfang an nicht leicht gehabt und es trotzdem bis hierher geschafft hatte. Als zwei Individuen, die eine tiefe Liebe füreinander empfinden, auch wenn sie manchmal Schwierigkeiten haben, sie zu zeigen und zu kommunizieren.

Ich denke, mein Im-Dazwischen-Leben und mein auf gewisse Art »Fremdsein« war bei diesem Gespräch hilfreich. Denn die Distanz, die so viel Zeit und so viele Kilometer in den letzten Jahren zwischen uns gebracht hatte, gab uns auch die Möglichkeit, offen und ehrlich über all diese intimen Themen zu sprechen.

Meine Eltern lieben einander. Ihre Art der Liebe bewundere ich, wenngleich ich sie auch nicht immer verstehen kann. Ich bin dankbar für alles, was ich von ihnen lernen konnte und für all ihre Fehler, aus denen ich lernen durfte. Vielleicht konnten sie von dem Gespräch in Jordanien etwas mitnehmen, ich konnte es auf jeden Fall. Vielleicht fällt es ihnen nun etwas leichter, miteinander zu reden und einander zuzuhören. Ich wünsche es ihnen von ganzem Herzen!

Die Liebe ist selten einfach. Zu lieben ist es allerdings schon! Es ist unsere Natur, die in unterschiedlichsten Farben und Formen existiert. Zu lieben ist für mich das berührendste Gedicht, das sanfteste Lied und das bezauberndste Kunstwerk. Erst die Wertschätzung, die Akzeptanz und die Kommunikation lassen die Liebe ihre ganze Schönheit entfalten.

Lasst uns mehr miteinander sprechen. Egal ob mit unserem Partner, unserer Mutter, unserer besten Freundin oder unserem Arbeitskollegen. Lasst uns einander zuhören und einander Raum geben, uns zu öffnen. Lasst uns Themen wie Liebe, Gefühle und Sex in unseren Alltag und in den öffentlichen Diskurs integrieren, um so gemeinsam ein besseres Verständnis füreinander zu erlangen.

Flucht zu dir

Der Fremde begegnet dir.
Mit seiner Liebe und seiner Revolution.
Ohne Namen ... ohne Einzelheiten ...
Dann wirst du dich in ihn verlieben.
Du verliebst dich ins Nichts.
Du verliebst dich in den Fremden.
Und deine Liebe verführt mich.
Verführt mich ... Verführt ihn.
Ich bin der, der schreibt.
Und er ist der Liebhaber.
Ich bin der, der schreibt.
Und er ist der, der erlebt.
Und ich bin der Verrückte, der weggeht,
wenn er ankommt.
Ich bin der Fremde, der gefragt wird:

Wer bist du?
Und die Frage ist beantwortet.
Wie schwierig sind die Fragen,
die man nicht beantworten
kann … darf …
Wer bist du?
Ich bin der, der zu deinen Augen floh.
Wie schön ist die Flucht.
Du verliebst dich in einen Fremden.
Der weggeht, immer, wenn er ankommt.
Damit er die Reise wiederholt.
Damit er wieder zu deinen Augen flieht.
Ich bin der Fremde und nur
deine Augen gaben mir den
Anspruch auf Flucht.

Omar Khir Alanam, 2018

Danke an ...

... alle Menschen, die Teil meiner wilden und sanften Geschichten sind und an alle, die ihre Geschichten mit mir geteilt haben! Danke für so viel Vertrauen!

Danke an Naël Khir Alanam, den besten Sohn der ganzen Welt. Danke für all das, was ich durch dich und mit dir lernen durfte und darf. Eine Inspiration, die wächst.

Danke an die Sonne! Deine Wärme erweckt das Gedicht. Flüsternd, rufend und schweigend.

... Dr. Maria Kolar-Syrmas für deine Unterstützung in schwierigen Momenten.

... Dr. Hadya Nassan-Agha-Schroll, dass ich vor dir nicht immer der »strahlende Omar« sein muss, sondern manchmal auch ein besorgter, verwirrter und überforderter. Danke für dein bedingungsloses Zuhören.

... Kati Kallus, für viel Lächeln, Zuhören, viele Muskelkater und deine Geduld mit meinen ungeschickten Füßen beim Tanzen.

... Michi Polly-Gangl und Claudia Prinz, für schöne Gespräche und euren wundervollen Support.

... Martina Papst, für deine Freundschaft und Unterstützung.

... Renate Frank, für deine positive Art und dein inspirierendes Strahlen.

... Peter Rindler, für deine Freundschaft und Bereitschaft zu helfen.

... Silvia Ebner, für deine Herzlichkeit und das Gefühl des Immer-Willkommen-Seins.

Danke auch an Annemarie, die stolzeste und gastfreundlichste Asslingerin!

Danke an das großartige Team der *edition a*!

Liebe Leserin, lieber Leser!

Danke, dass du meine Geschichten gelesen hast. Ich hoffe, es ist mir gelungen, dich zum Schmunzeln, Lachen und Nachdenken zu bringen.
Es würde mich sehr freuen, wenn du das Buch an deine Freunde weiterempfiehlst oder es auf Social Media teilst. Du kannst mich gerne markieren! Auch über deine Rückmeldung freue ich mich immer sehr! Auf meiner Website findest du auch Infos zu meinen anderen Büchern wie *Danke!*, *Sisi, Sex und Semmelknödel* oder *Feig, faul und frauenfeindlich*. Weitere Infos zu meinen Workshops, Keynotes oder meinem Küchenkabarett findest du ebenfalls dort.

Alles Liebe
Omar Khir Alanam

🅵 🅾 Omar Khir Alanam
Mail: omar.khiralanam@gmail.com
Website: www.omarkhiralanam.com